BuddhAll

BuddhAll.

All is Buddha.

BuddhAll

三世諸佛的奴僕　不動明王（金銀泥唐卡・全佛書院提供）

象頭人身的大聖歡喜天（金銀泥唐卡・全佛書院提供）

戰神與福德神的大黑天（金銀泥唐卡・全佛書院提供）

一心瞰盡眾生煩惱的馬頭明王

破除一切災障的軍荼利明王

呑盡一切惡性眾生的金剛夜叉明王

統領三十三天的帝釋天王
（九世紀・日本京都東寺）

傳說中宇宙創造者的大梵天
（九世紀・日本京都東寺）

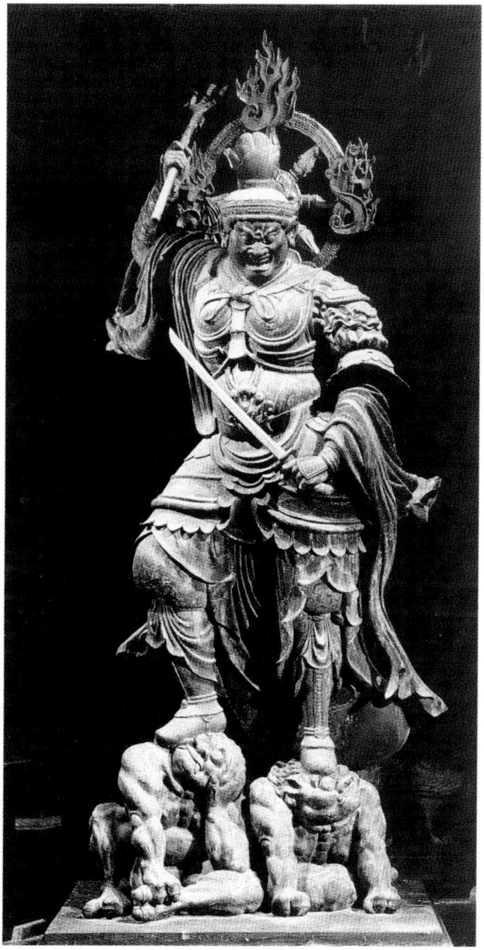

四大天王之持國天王立姿像

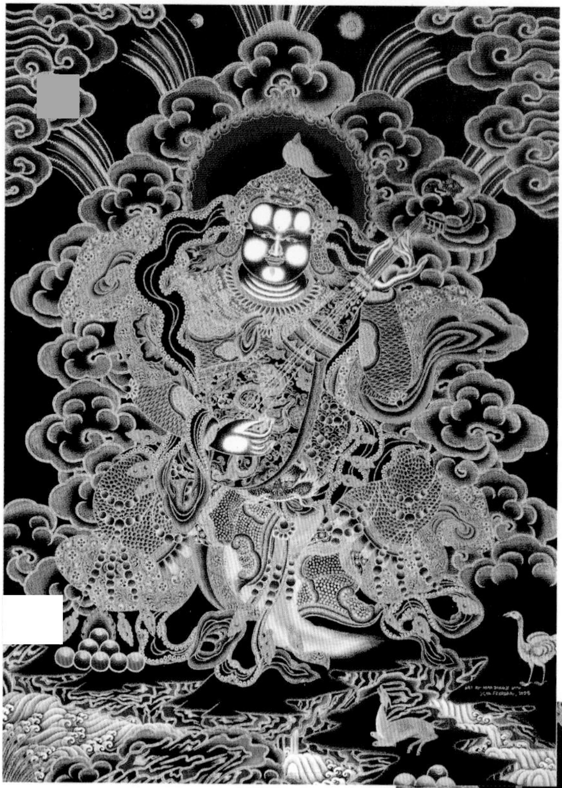

四大天王之持國天王像
（掌須彌山東方，持琵琶）
（金銀泥唐卡．全佛書院提供）

四大天王之廣目天王像
（掌須彌山西方，持蛇、塔）
（金銀泥唐卡．全佛書院提供）

四大天王之多聞天王像
（掌須彌山北方，持寶傘、吐寶鼠）
（金銀泥唐卡．全佛書院提供）

四大天王之增長天王像
（掌須彌山南方，持劍）
（金銀泥唐卡．全佛書院提供）

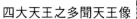

象徵般若智慧的吉祥天母（寂靜像・清代作品）

佛教小百科42

佛教的護法神

佛教的護法神是怎麼來的？
佛教有哪些護法神？
要如何選擇與自己相應的護法？
在本書中蒐列本尊明王、天、龍等護世部眾等各類護法，詳細介紹其本願及護持佛法及修行者的事蹟，讓讀者除了認識廣大的護法眾之外，也能從中選擇與自己相應的護法，守護自身無災無障，福德圓滿。

⊙——目錄

第六章 藏密的特別護法……310

出版緣起

佛法的深妙智慧，是人類生命中最閃亮的明燈，不只在我們困頓、苦難時，能撫慰我們的傷痛；更在我們幽暗、徘徊不決時，導引我們走向幸福、光明與喜樂。

佛法不只帶給我們心靈中最深層的安定穩實，更增長我們無盡的智慧，來覺悟生命的實相，達到究竟圓滿的正覺解脫。而在緊張忙碌、壓力漸大的現代世界中，讓我們的心靈，更加地寬柔、敦厚而有力，讓我們具有著無比溫柔的悲憫。

在進入二十一世紀的前夕，我們需要讓身心具有更雄渾廣大的力量，來接受未來的衝擊，並體受更多彩的人生。而面對如此快速遷化而多元無常的世間，我們也必須擁有十倍速乃至百倍速的決斷力及智慧，才能洞察實相。

同時在人際關係與界面的虛擬化與電子化過程當中，我們也必須擁有更廣大的心靈空間，來使我們的生命不被物質化、虛擬化、電子化。因此，在大步邁向新世紀之時，如何讓自己的心靈具有強大的覺性、自在寬坦，並擁有更深廣的慈悲能力，將是人類重要的課題。

生命是如此珍貴而難得，由於我們的存在，所以能夠具足喜樂、幸福，因自覺解脫而能離苦得樂，更能如同佛陀一般，擁有無上的智慧與慈悲。這菩提種子的苗芽，是生命走向圓滿的原力，在邁入二十一世紀時，我們必須更加的充實。

因此，如何增長大眾無上菩提的原力，是〈全佛〉出版佛書的根本思惟。所以，我們一直擘畫最切合大眾及時代因緣的出版品，期盼讓所有人得到真正的菩提利益，以完成〈全佛〉（一切眾生圓滿成佛）的究竟心願。

《佛教小百科》就是在這樣的心願中，所規劃提出的一套叢書，我們希望透過這一套書，能讓大眾正確的理解佛法、歡喜佛法、修行佛法、圓滿佛法，讓所有的人透過正確的觀察體悟，使生命更加的光明幸福，並圓滿無上的菩提。

因此，《佛教小百科》是想要完成介紹佛法全貌的拼圖，透過系統性的分門別類，把一般人最有興趣、最重要的佛法課題，完整的編纂出來。我們希望讓《佛教小百科》成為人手一冊的隨身參考書，正確而完整的描繪出佛法智慧的全相，並提煉出無上菩提的願景。

佛法的名相眾多，而意義又深微奧密。因此，佛法雖然擁有無盡的智慧寶藏，對人生深具啟發與妙用，但許多人往往困於佛教的名相與博大的系統，而難以受用其中的珍寶。

其實，所有對佛教有興趣的人，都時常碰到上述的這些問題，而我們在學佛的過程中，也不例外。因此，我們希望《佛教小百科》，不僅能幫助大眾了解佛法的名詞及要義，並且能夠隨讀隨用。

《佛教小百科》這一系列的書籍，期望能讓大眾輕鬆自在並有系統的掌握佛教的知識及要義。透過《佛教小百科》，我們如同掌握到進入佛法門徑鑰匙，得以一窺佛法廣大的深奧。

《佛教小百科》系列將導引大家，去了解佛菩薩的世界，探索佛菩薩的外相、內義，佛教曼荼羅的奧祕，佛菩薩的真言、手印、持物，佛教的法具、宇宙觀……

……等等，這一切與佛教相關的命題，都是我們依次編纂的主題。透過每一個主題，我們將宛如打開一個個窗口一般，可以探索佛教的真相及妙義。

而這些重要、有趣的主題，將依次清楚、正確的編纂而出，讓大家能輕鬆的了解其意義。

在佛菩薩的智慧導引下，全佛編輯部將全心全力的編纂這一套《佛教小百科》系列叢書，讓這套叢書能成為大家身邊最有效的佛教實用參考手冊，幫助大家深入佛法的深層智慧，歡喜活用生命的寶藏。

佛教的護法神——序

佛教的護法神，是指守護佛法者，也就是守護一切眾生覺悟，圓滿無上菩提者。佛陀住世的時代，有些弟子協助宣揚佛法，有些弟子協助排除弘法的障礙，這是護法最初的型態。就像在一個國家裏面，要保衛國土安全，使法令得以通行，人民安居樂業，就要有保衛國家的軍人、將士，及維護治安的警察一樣，為了要使眾生安住於成佛之道，自然會衍生出發心專門守護佛法的眾生，護持修行者在修行及弘法的過程中，排除障礙，圓滿無上佛道。

佛教的護法，就是為了使佛法得以奉行，幫助一切眾生圓滿成佛。在這樣的過程中，有些生命就特別發願來擔任守護佛法的工作，這是佛教護法的由來。而在這些佛教的護法中，有各種不同類型的生命，有人間護法，有高階的天神，世間的鬼神，也有龍王、阿修羅、緊那羅等護世部眾。在這些護法部眾中，也有佛菩薩倒駕慈航，化現為護法的形像來救度眾生。

在這些護法中，依照其修為層次的不同，也有著世間與出世間護法的不同。其中由佛菩薩所化現的護法，及高階天神、諸尊龍王護法，其中很多的修為都已是登地的大菩薩，這類護法的高深修為和廣大福德，都非世間一般的鬼神護法所能相比。此外，由於心靈修為的層次不同，一般護法的習慣、脾氣等世間習氣也比較重，這是世間護法和出世間護法不同之處。

出世間的護法，他們本身是超出三界的，已經超越了個人有為的情緒和喜樂，而是以出世的護法、幫助眾生解脫為中心。因此，無論他們化現何種型態的護法，他們的主要目的都在於幫助眾生走向解脫，圓滿成佛。無論他們化現護持那一位祖師、那一種教派，都是以護持令眾生覺悟解脫的教法為核心。

世間的護法雖然也是發心護持佛法，但是由於心靈層次的不同，他們自身也尚未得到圓滿的覺悟，因此有時會落入個人的情緒和喜惡，或是受到因緣親疏的影響而決定護持得程度。所以他們有時只護持自己喜愛的對象，或長期供養他們的人。雖然主體上還是護持修行者，但就無法像出世間的護法一樣，時時清楚的安住在解脫的教法上。

關於護法的分類，不但顯密有不同的認定，不同的教派也有不同的說法，因此本書所提供的只是一個約略的分類，但是不同的教派、不同的因緣都有不同的看法。

這樣的分類，也有多種不同的說法，在不同的教派中，也有不同的認定標準，難以明確的定位。因此，在本書中將不同型態的護法作一大致的分類：第一章是佛菩薩所化現的本尊護法及明王，第二章是高階的天神護法眾，第三章是諸大龍王護法，第四章是夜叉、羅叉等護世部眾，第五章則是發心護持特定對象的特別護法，如：特別發心護持藥師佛的藥師十二神將；護持觀世音菩薩的觀音二十八部眾等，特別發願守護般若經及其修持者的「般若十六善神等，第六章介紹藏密的特別護法。我們以這樣的分類方式，希望將佛教的護法作一個完整的介紹。

本書編集了諸多護法的事蹟，希望讓大家了解到，在我們修行的過程中，有這麼多發心護持佛法，默默守護眾生成佛的護法大眾。此外，本書也希望幫助大家有更多選擇，在恰當的因緣下，選擇與自身相應的護法，在修行成佛的道路上無災無障，早日圓滿成佛。

第一章 本尊護法及明王

千臂千眼的大悲守護——大白傘蓋佛母

大白傘蓋佛母（梵名Sitāpatroṣṇīśa），從一切如來頂髻上所化現。由於其手持白傘蓋，威光赫奕，成為顯著的標幟，因此又被稱為「白傘蓋佛頂」。是佛頂所化現的五大本尊或八大本尊之一，也就是五佛頂或八佛頂之一。

大白傘蓋佛母出現的因緣，根據經典所記載，是因為有一次天神和阿修羅發生戰爭時，帝釋天漸漸落敗，帝釋天便去祈求釋迦牟尼佛的加持及教示，當時釋

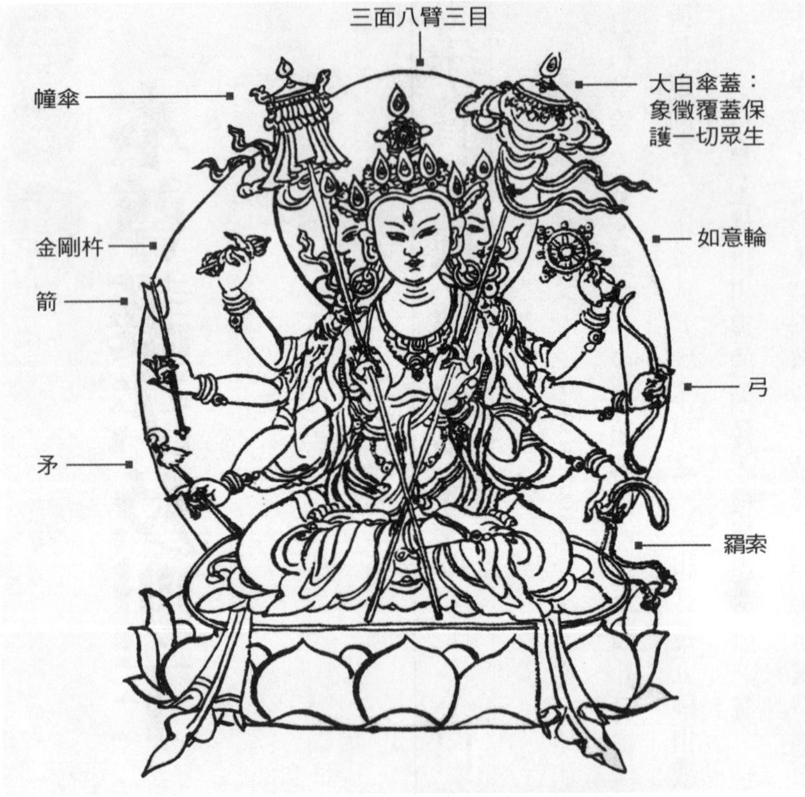

佛頂化生的大悲守護—大白傘蓋佛母

迦牟尼佛的頂髻上，便現起了千臂千眼的大白傘蓋佛母，巨大無與倫比，因此阿修羅眾們紛紛驚嚇而逃，也因此結束了這場爭戰。

在《首楞嚴經》中也記載著大白傘蓋佛母不可思議的守護力量：當時佛陀與舍利弗等大阿漢比丘眾一千二百五十人，應波斯匿王的迎請受供。當時阿難因為之前先受其他施主的邀約，到遠方應供，當天來不及趕回來和大家一起出發，因此獨自一人在回程的路上獨自托鉢。但是那天他的乞食並不順利，都沒有人施食給他。

最後他來到一家妓女戶門口，慈悲的阿難並不嫌棄，他心想：應該讓她們有機會供養修道者，種下福田才好。於是他托著鉢，靜靜地站在門口。裏面的妓女摩登伽女，看見儀表出眾的阿難，心裏生起了愛慕之意，但是她心想：這是一個修道的比丘，恐怕不會接受她的誘惑。於是她對阿難下了咒，讓他無法反抗，牽著他進到房裏。

這時，佛陀知道阿難被摩登伽女的幻術所控制，但是他完全不動聲色，一直到應供完畢，國王及大臣、長者們圍繞著佛陀，靜候佛陀說法。此時，如來從頂放出如百種寶石耀眼的無畏光明，光中出生千葉寶蓮華，蓮華上有佛陀化身在其上安坐著。化佛宣說神咒，並命文殊師利菩薩持此咒前去救護阿難。

正在千鈞一髮之際，文殊菩薩持著神咒，破除了摩登伽女的幻術邪咒，阿難豁然清醒，隨著文殊菩薩回到佛陀身邊。這個不可思議的神咒，正是「大白傘佛母神咒」，也就是一般所熟知的「楞嚴咒」。

這也代表了大白傘蓋佛母是由佛頂所出生，現起的大悲首楞嚴，現起大智、大悲來度化眾生，來堅固首楞嚴三昧，是眾生依怙的大白傘蓋。

在密教圖相中，大白傘蓋佛母的形像為身黃色，左手持蓮華，蓮華上有白傘。右手屈臂向上，屈五指，拇指、食指相捻，在赤蓮華上結跏趺坐。其三昧耶形為蓮上白傘。此尊被列於佛頂曼荼羅中。而在《大妙金剛大甘露軍拏利焰鬘熾盛佛頂經》的圖像，其安住於如來右邊白色輪中，手持白傘，放出白色光明，坐在大白蓮華上。

此外，其他不同的造像則有：《一字佛頂輪王經》中所說：其左手屈上持開放的蓮華，於華臺上畫一傘蓋，右手當胸持開放的蓮華。《尊勝佛頂修瑜伽法軌儀》卷上〈畫像品〉則說其頭上戴有象徵如來五種智慧的「五智冠」，左手拿著蓮華，於蓮華上安置白傘蓋，右手揚掌，半跏趺坐。

另外在藏傳中，崖有兩種形像。一種是三面八臂，每面各三目的形像。左、右的第一隻手，都各持著大白傘，而左手第二隻持著法輪，第三手持弓，第四手持羂索。右手第二隻持金剛杵，第三手持箭，第四手持矛，安祥愉悅結跏趺坐。

真 言：

大白傘蓋堅甲咒

吽 麻麻 吽 聶 嗦哈

三世諸佛的奴僕——不動明王

不動明王（梵名Acalanātaha），為密教五大明王之一或八大明王之一，是最廣為人知的護法之一，又被稱為「不動金剛明王」、「不動尊」，密號為「常住金剛」。

不動明王是極為特別的護法，《大日經疏》卷五中說，他雖然早已成佛，但是因為其三昧耶本誓願的緣故，示現「奴僕三昧」，示現為諸佛的奴僕，總持一切眾務，所以又被視為諸佛的使者，被稱為「不動使者」。

此外，不動明王常被視為大日如來的化身，受到如來的敕命，示現忿怒相，常住於「火生三昧」，全身現起三昧的猛烈火焰，象徵焚燒內在煩惱及外在一切障礙及穢垢，摧滅一切魔軍怨敵。示現忿怒相，常住火生三昧，焚燒內外障難及諸穢垢，其修法能息止天災，停止大風雨，也常用於消除疾病、傳染病及種種障礙、災難。

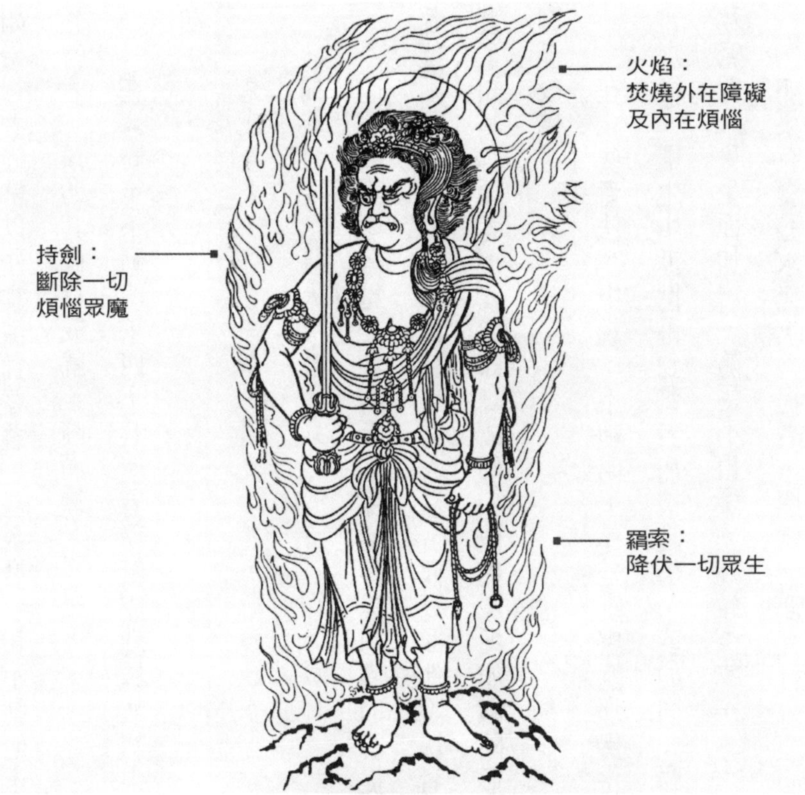

三世諸佛的奴僕一不動明王

而在不動明王的法軌中，有一項極為特別的行法，就是修行者在用餐結束時，會對著桌上的剩菜殘食，持誦「施殘食咒」，將飯後的殘食供養不動明王尊者，憶念尊者發願為諸佛奴僕的本誓。而一切眾生都是未來佛，因此諸佛奴僕同時也是一切有情的奴僕，守護一切眾生圓滿成佛。

如果行者經常以殘食供養尊者，甚至發起和不動明王相同的本願，尊者將晝夜擁護行者，幫助其修行成就，圓滿無上菩提。

在《勝軍不動明王四十八使者秘密成就儀軌》中，記載著不動明王偉大的誓願：「

見我身者，得菩提心，聞我名者，斷惑修善，
聞我說者，得大智慧，知我心者，即身成佛。」

他發願一切得見其身的人，都能得證圓滿的菩提心，所有聽聞他的名號者，都能斷除一切疑惑，修持一切善法。而聽聞他說法者，都能獲得廣大智慧，能如實了知其心願者，就能即身成佛。他更發願如影隨形的守護眾生之菩提心，直到圓滿成佛。

在《使者法》中說：不動明王尊是毗盧遮那佛化身，行者一持誦不動明王真言之後，則生生世世得到尊者加被護佑，就如同《勝軍不動軌》中所說：「一持秘密咒，生生而加護，隨逐不相離，必昇花藏界。」

如果有發心求無上菩提者，應當清淨梵行，一心精進，則能得證種種不思議

三昧、不思議境界、不思議神通、不思議辯才、不思議力用。

⊙不動明王的尊形

不動明王的形象，因為依據不同的經典及傳承，有許多種不同的法相，也是不動尊的隨緣示現。一般最為常見的，是根據《大日經》、《底哩三昧耶經》等所記載的形像，即右手持劍，象徵斷除一切煩惱眾魔，左手持羂索，表示降伏一切眾生，自在方便。而其頂上有七髻，身體安坐在磐石上。

而《不動使者法》及《底哩法》中，更進一步描寫其示現童子相，右手執金剛杵，左手執羂索，口兩邊微出少牙，眼斜視，童子形，安坐於蓮華上，現瞋怒相，遍身出生火焰。

此外，不動明王也有多臂的造型，如《安鎮軌》中描述：「作四臂大嚴忿怒身，紺青色洪滿端嚴，目口皆張，利牙上出，右劍左索，其上二臂在口兩邊，作忿怒印，身處八輻金剛輪。」在世間的十二天護法中，則以此四臂的不動尊為首。

⊙不動明王修法

由於不動明王的廣大悲心，產生對一切有情無與倫比的威力守護，能強力去除眾生的一切災難障礙。在相關經典中，經常可見到不動明王消除災障的修法。

例如，在《立印軌》中說，於忿怒誦吽字真言，能生雲雨。《底哩經》中也說，行者結心印稱吽字，一切惡雲退散，並說，取棘刺和羅視迦油，加持焚燒，能使大雨停止，又說，以刺木作護摩事業，能停止大風雨，成就眾事。

不動明王法除了有以上息止天災的功能外，其修法也常用於消除疾病、傳染病及種種障礙災難。

而在《立印軌》中也提及供養不動明王的方法：如果能每日持誦真言一百零八遍，那麼不動明王就會常隨護行者。行者每次殘餘的食物，將之置於淨處，誠心供養不動明王，如此就能隨心所願，獲得悉地圓滿成就。

此外，如果有生病者，可以結「龍王身印」來加持。怎麼做呢？以手執劍，運心觀想劍上有「阿」字，變化成金龍，忿怒光曜，並觀想此金龍注視病人，如此不但疾病即得除，也能護佑修行者所住之處，沒有魔事及諸鬼神的干擾。

除了個人疾病之外，不動明的修法對流行疫疾也有很大的效驗。經中說：取俱屢草和蘇乳密等，沃火中燒，誦真言十萬遍，能滅除大流行的疫病。

此外，不動明王還有一種特別的守護，就是對一心尋死，服毒自殺者，可以手作劍印，誦持「不動使者避一切惡毒咒」七遍，再將手印移置，安於其頂上，可幫助其身心康復。

不動明王不但能為眾生消除災障，還能給予眾生究竟利益，使眾生發起無上菩提心，並時時守護、增長眾生善根，不退失菩提因緣，也不會墮在難以修行的惡道。由此可知，不動明王是能善護一切眾生菩提心，為眾生祛除一切世間與修行障礙的大護法。

真　言：

慈救咒

曩莫　三曼多縛日羅赧　戰拏　摩訶路灑拏　薩頗吒也　吽　怛羅迦
悍漫

namaḥ samanta-vajrāṇāṁ caṇḍa mahā-roṣaṇa sphaṭaya hūṁ
traka hāṁm māṁ

歸命　普遍諸金剛　暴惡　大忿怒　破壞　吽（恐怖之義）　堅固
悍漫（種子）

施食真言

曩莫　三曼多縛日羅赧　怛羅吒　阿謨伽　戰拏　摩賀路灑儜　娑頗
吒野　吽　怛羅麼野　吽　怛羅吒　唅鋡

namaḥ samanta-vajrāṇāṁ traṭ amogha caṇḍa mahā-roṣaṇa
sphaṭaya hūṁ tramaya hūṁ traṭ hāṁ māṁ

歸命　普遍諸金剛　怛羅吒（殘害破障之義）　不空　暴惡　大忿
怒　破壞　吽　堅固　吽　怛羅吒（殘害破障之義）　唅鋡（種子）

降伏過去、現在、未來三世——降三世明王

降三世明王（梵名Trailokya-vijaya），是密教五大明王之一，為東方阿閦的忿怒身化現。由於他能降伏眾生過去、現在、未來等三世的貪、瞋、癡三毒煩惱，所以稱為「降三世」。又稱為「金剛摧破者」、「忿怒持明王尊」。

降三世明王，不但能使一切諸魔眷屬不再繼續作障礙，反而擁護行者入於正法。

降三世的形像有多種，其中較常見的是三面八臂相，臉上有三目，周身有忿怒火焰圍繞，和不動明王一樣現忿怒像。除了左右第一手結印當心外，其餘各手各執不同法器，右手分別持：三股鈴、箭、劍；左手則持三股戟、弓與索。而其左足踏著大自在天，右足踩著烏摩妃。也有一面三目二臂像，其身青色，髮如馬鬃，雙芽上出，左手持三鈷杵，又手持三鈷戟，安坐磐石之上。

為什麼降三世明王會踩著大自在天和烏摩妃呢？大自在天就是「濕婆神」，印度神話中認為濕婆神是宇宙的創造者，是欲界、色界、無色界三界的主宰。傳

降伏過去、現在、未來三世—降三世明王

說當時因為降三世明王看到許多天神都很驕慢，因此就示現大忿怒身來降伏祂們。天界的天神們大多能夠奉行其教敕，但大自在天和他的王妃，認為自己是三界至尊，無論如何都不肯降伏，所以降三世明王才現出大忿怒相，將祂們踏在腳下。如此，對其他諸神也有警惕之效。除此之外，

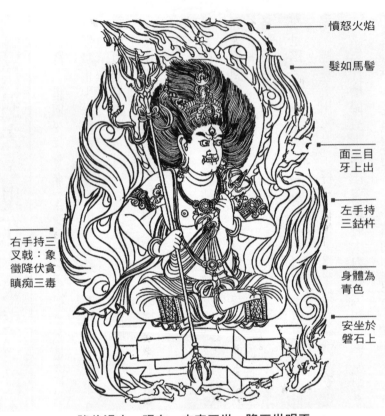

這樣的造像也象徵著降三世明王救度眾生，超越三界生死輪迴的意義。因而也有說「降三世」是指降伏三界之王大自在天的意思。

在密法中，降三世明王法的主要功能是調伏，尤其是降伏天魔，如果持誦降三世明王的真言，如此無量無邊魔界則無法作祟。即使是原來有心想干擾修行者的諸魔眷屬，聽到降三世明王的真言，或是看到降三世明王的手印，不但不能繼續作障，反而會成為修行者的僕從。

除了降伏外在的魔障之外，降三世明王也能幫助降伏我們自心煩惱。在《千手軌》中記載：以手結降三世明王印，誦其真言，安住在忿怒三摩地，如此身心所有煩惱業障，都能以金剛猛利的智慧之火焚燒，成為灰燼。

對生病的人，降三世明王也有特別的守護方法。在《極深密門》中記載：如果要幫助重病的人，可以在降三世明王尊像前，對著香水持誦真言一百零八遍，急撮入病者腹懷內，可使患者醒起。除此之外，降三世明王對打勝仗、增長人際關係也有特別的守護，能幫助我們降伏外在及內在等一切諸魔障。

真　言：唵　蘇婆　儞蘇婆　吽　蘖哩訶拏　蘖哩訶拏　吽　蘖哩訶拏　吽
　　　　蘖哩訶拏　播野　吽　阿曩野　斛　婆誐鑁　縛日羅　吽發吒
　　　　oṁ sumbha nisumbha hūṁ grihṇā grihṇā hūṁ grihṇā paya hūṁ
　　　　ānaya ho bhagavāṁ vajra hūṁ-phaṭ
　　　　歸命　蘇婆　儞蘇婆　摧破　捕捉　捕捉　摧破　捕捉　行去　摧破
　　　　捉來　呼　世尊　金剛　破壞

一心噉盡眾生煩惱——馬頭明王

馬頭明王即馬頭觀音（梵名Hayagrīva），梵名音譯作「何耶揭唎婆」，意譯為「大力持明王」，是觀世音菩薩在畜牲道的化身，為八大明王之一。

畜牲道的愚痴象徵著眾生的痴迷無明，因此觀世音菩薩化現為馬頭明王，如野馬噉草，噉食眾生的無明煩惱。

在《聖賀野紇哩縛大威怒王立成大神驗供養念誦儀軌法品》〈儀軌品〉中，馬頭明王自己說：我因為大慈大悲，本願深重的緣故，化身為馬頭明王，由於大慈故，不貪著生死，由於大悲的緣故，不安住涅槃之樂，精勤度化眾生，常住無明各種境界之中，斷盡種種惡趣，滅盡六道眾生的生、老、病、死之苦。就如同飢餓的馬兒，一看到草就上前吃了起來，沒有其他念頭，只有一心吃草，馬頭明王也是如此，一心噉盡眾生煩惱。經中並說，即使只是憶念馬頭明王，就能使一切障礙為難，皆悉斷壞，一切障礙者不敢再靠近。

一心噉盡眾生煩惱一馬頭明王

⊙馬頭明王的尊形

馬頭觀音的尊形有一面二臂、一面四臂，及三面二臂、三面八臂、四面八臂等多種不同形像，以下介紹常見者。

1 一面二臂

在《覺禪鈔》和《不空羂索經》中，記載馬頭明王一面二臂的造像，其二臂有時合掌，有時則結施無畏印；或是左手執鉞斧，右手執蓮華，但也有左手執蓮，右手握棒；或是左手結施無畏印，右手執蓮的造像。

2三面二臂

在《諸說不同記》中，記載有馬頭明王在胎藏曼荼羅觀音院中之形像，即為三面二臂像。其通身赤色，三面三目，作忿怒形，上齒咬下唇，兩牙上出。頭有金線冠，無冠繒，二端屈曲飛颺，著耳環，環有金珠子，額有坐化佛，頂上白馬頭出現。兩手合掌，屈食指甲相合，其無名指外叉。被天衣、無臂釧，著青珠鬘，腰帶左端自脛上外出垂，著腳環，豎右膝。

唐代的一行禪師在《大日經疏》中進一步說，其身色有黃有赤，如日初出之色。以白蓮華瓔珞等莊嚴其身。光焰猛威，赫奕如鬘，指甲長利，出雙牙上，頭髮如獅子項毛，呈現吼怒狀。這就是蓮華部的忿怒持明王，如同轉輪王的寶馬，巡履世界四大洲，於一切時間、一切處所，滌除一切雜念，菩薩的大精進力正是如此。如果能得到如此猛威之勢，那麼在生死重障中則能不顧身命，摧伏處處業障。而其以白蓮華瓔珞莊嚴其身，象徵著潔白清淨的大悲心。

3 三面八臂

在《大聖妙吉祥菩薩秘密八字陀羅尼修行曼荼羅次第儀軌法》則記載馬頭明王三面八臂的造像：其頭有三面，八臂分別執諸器杖。左上手執蓮華，一手握瓶，一手執杖當心。以二手結印契。右上手執鉞斧，一手持數珠，一手執索。輪王坐蓮華中，呈現大忿怒相，極為兇惡猛利。

4 四面二臂

在《何耶揭唎婆像法》中有四面二臂之造像：其四面中，中央為菩薩面，作慈悲的菩薩像，顏色赤白，頭髮純青。左邊一面作大瞋怒黑色之面，獠牙上出，頭髮微豎，如火焰色。右邊一面作大笑顏，頭髮純青。三面頭上各戴天冠及著耳璫。天冠上有一化佛結跏趺坐，中面頂上作碧馬頭。

而其二臂中，左手屈臂於胸前，手把紅蓮花，華臺上有一化佛結跏趺坐。右手仰掌持白色的如意寶珠，寶珠周圍有赤色光炎圍繞。而在右手寶珠的下，則雨下種種寶物。

5 四面八臂

在《大神驗供養念誦儀軌法品》中，記載著馬頭明王四面八臂乘水牛像。其四面四口皆出現上下利牙，八手各把金剛器杖，正面頂上現一碧馬頭。頭髮如螺形火焰，現大暴惡形，乘青水牛，牛背有蓮華形，尊者蹲坐蓮華形上，遍身火焰，宛如大威怒王降伏三世之貌。

無論是何種造像，共同的特徵都具有頂上白馬頭的共同形相，但面部表情，則有作忿怒狀或作大笑顏狀，與一般菩薩慈悲寂靜的相貌不同。

悲願弘深的馬頭明王，特別能守護我們調伏惡人、眾病息除、怨敵退散、議論得勝，這此修法稱為「馬頭法」。

真　言：南麼　三曼多勃馱喃　佉那也　畔惹　娑破吒也　莎訶

namaḥ samanta-buddhānāṁ khādāya bhaṁja sphaṭya svāhā

歸命　普遍諸佛　噉食　打破　破盡　成就

鉤召眾生圓滿成佛——愛染明王

愛染明王（梵名Rāga-rāja），為五大明王之一。愛染明王為「愛欲貪染即淨菩提心」的象徵，這也就是為什麼他被稱為「愛染明王」的原因，也經常做為增長人際關係、得人敬愛及鉤召的修法本尊。

愛染明王為了憐愍眾生，內在以無上的悲願，外相上則示現憤怒暴惡的形貌，安住於大愛欲與大貪染的三昧，內證以愛敬之法，使眾生得到解脫。

⊙修法

以愛染明王為本尊所修的密法，稱為「愛染明王法」，簡稱為「愛染王法」或「愛染法」本是台密的祕法，後事東密、台密都共同修習。以此明王為本尊的曼荼羅，稱為「愛染曼荼羅」或「愛染王曼荼羅」。修習此一明王的法，主要功能是調伏、敬愛、消災與祈福，尤以敬愛鉤召法特別相感應。

因為本法以敬愛法為主，所以在修習愛染法時，大都在赤色的壇上安置赤色

鉤召眾生圓滿成佛─愛染明王

的愛染明王本尊。修行者的衣服、爐、壇等，宜以紅色為主，一本敬愛的體性而與之相應。

愛染明王法，雖以大日如來的敬愛為體性，但一法同時具足眾法，所以能以敬愛體性疾速成就消災、祈福與調伏等眾法。因此，在《瑜祇經》卷上中說：「誦大根本明，增益一切福，堅固如金剛。」又說：「能滅無量罪，能生無量福。扇底迦（息災）等法，四事速圓滿。三世三界中，一切無能越。」可知愛染明王能疾速圓滿息災、增益、敬愛、調伏等四事，使我們滅除無量罪業，增益無量的福德，並如同金剛王般的堅固不壞。

⊙愛染明王示現的緣起

愛染明王示現的因緣，依《金剛峰樓閣一切瑜伽瑜祇經》所記載：有一次，在金剛界大日如來的法會上，忽然有一障礙者出現。在場的諸位菩薩雖具備了智慧、慈悲與定力的功德，但是見了這位障礙者，卻都像喝醉酒的人一樣迷醉不能自已。但是，沒有人知道這個人是誰，從何而來。

正當大家都束手無策時，這個障礙者忽然變化成金剛薩埵，遍身大放光明，照耀法會上的諸大菩薩，大眾也從中醒覺。

而這位讓人迷醉無法自已的障礙者—愛染明王，其實就是從一切眾生無始無明中來，是隨著生命本有的俱生障礙。當他轉化成具足慈悲與智慧的金剛薩埵，也正代表了眾生本俱的染愛煩惱，當下可以轉化為清淨的菩提心，也就是「煩惱即菩提」。

愛染明王引導眾生入於無上菩提，其手印呈箭形，以其二度刺心，表示以大悲箭，射除厭離之心，入於極喜三昧耶，驚覺本具圓滿菩提的誓願。

愛染明王常為增長人際關係、得人敬愛及鈎召法的修法主尊，此尊多以全身赤色來彰顯其懷愛的特德。

⊙愛染明王的修法懷愛鈎召成就法

1愛染明王懷愛鈎召成就法

無論是息除災障或是增長修行資糧，愛染明王在各方面都能給予行者廣大的守護，而與其本願最相應的則是懷愛、勾召的法門。在內義上是勾召我們與菩提心相應，而在世間的事業上，則能改善人際關係，增長人脈，使眷屬和樂，感情親愛和睦。因此也常被用來祈求守護愛情成就。

在《金剛峰樓閣一切瑜伽瑜祇經》中記載，愛染明王的真言為：「一切如來金剛最勝王義利堅固染愛王心真言」，是一切瑜伽中，最尊、最勝，能使修行迅速成就，能使一切見者，皆生父母妻子之想，所作之業皆得成就。

修愛染明王法，雖可同時速疾成就息災、增益、懷愛、調伏四法，但一般仍以懷愛鉤召法為主，如《白寶口抄》就說，如果希望獲得丈夫的寵愛者，可以拿先生所穿的衣服，在衣端染成赤色，絞尊像之面，一心持誦真言三十萬遍，如此就能得到丈夫愛念。

如果希望獲得心儀對象的愛情，可以在菖蒲葉寫上所念人姓名，放入愛染明王尊象口中，持誦大呪，加持一百八遍向西方，七日之間，每日飲之，即能滿足心願。如果是為他人祈求，則作法如前，但以真言加持三十萬遍，令其飲之，即得所愛也。或也可用紅紙寫上自己和對方的姓名，放入愛染明王尊者口中，誦真言加持三十萬遍，能有大威力。

2 愛染明王畫像法及速疾成就息災、增益等四事法

除了勾召的特性外，愛染明王也同時能守護眾生息除災障、增益善法等諸事業。

《白寶口抄》〈愛染王品〉中即記載：愛染王畫像法能成就息災、增益、敬愛、降伏等四法。

其中記載作法如下：取清淨白素氈，依經中所述，畫上愛染明王法像，如法修持，愛染王法即可圓滿懷愛、鈎召、增益、息災、調伏等事業。

3 愛染明王一字心明法門

愛染明王的一字心明是指「吽吒 枳 吽 惹」。經中記載：纔結此根本一遍，持誦本真言，就能滅無量罪，出生無量福，一切事業，速疾圓滿。經中並說：如果經常誦持此真言，能得一切天神愛敬，能使一切人見之歡喜，能成就一切心願。速得成就金剛薩埵身悉地，現生世間，證得一切法平等金剛心。

⊙愛染明王的形像

愛染明王的身相，主要是以金剛薩埵的身相為主體的顯現，一般常見的形像為右手執金剛杵，左手執金剛鈴，和金剛薩埵的持物相同，由上可見其是以金剛薩埵的造相為根本，所顯現出來的形相。

愛染明王的形像，通常都呈現忿怒像，臉上有三個眼睛，代表法身的三種妙德，也代表佛部、蓮華部、金剛部等三部。忿怒眼表對於違背菩提的人，予以降伏，身色如日暉表敬愛、慈悲，頭戴獅子寶冠，毛髮直豎，現忿怒形，表降伏一切障礙、無畏自在，獅子頂上安置五鈷鉤，其五鈷表眾生本具的五智，鉤表鉤召懷法；五色花鬘五部如來妙德、五種悉地成就。以諸華鬘索紋結莊嚴其身，結跏趺坐於赤色蓮華上，蓮座下有寶瓶，寶瓶吐出眾多的寶物，代表增益法。

其四臂的持物中，左手持金剛鈴、右手執五峰杵，鈴杵表息災法；左次手拿金剛弓，右次手執金剛箭，準備射出的姿勢，和愛神邱比特的箭有異曲同工之趣，只是表義上愛染明王是勾召眾生心所貪愛，但最究極的意義則是勾召眾生之心趣向無上菩提，攝持一切眾生本來所具足的如來體性。

其左下手抓著代表眾生無明的梵天頭，右下手持蓮華，舉起來彷彿欲打之姿勢，表示降伏一切惡心痴迷的眾生，隨順覺性。

此外，愛染明王也有一面四臂及兩面二臂的造型，寂靜面象徵慈悲，忿怒面象徵威猛降降。

真言：

通咒

唵 摩賀羅誐 縛日路瑟抳灑 縛日羅薩埵縛 弱 吽 鍐 穀

oṁ mahārāga vajroṣṇīaṣ vajrasattva jaḥ hūṁ ban hoḥ

歸命 大愛染 金剛頂 金剛有情 鉤召 引入 縛住 歡喜

成就一字心明

唵 吽 悉底 娑縛賀

oṁ hūṁ siddhi svāhā

歸命 引入 成就 成就

一切鬼神之王——大元帥明王

大元帥明王（梵名Aṭavaka），梵名音譯作「阿吒迦」，意思是「居住在森林中」或是「森林之王」的意思，因此又被稱為「曠野神」或是「曠野藥叉」，是十六尊著名的藥叉大將之一。而在《起世經》中則說其為毗沙門天王的眷屬。在密教中稱之為「大元帥明王」，也就是鬼神之王，能平息一切障難，是守護國土之神。

大元帥明王為什麼會出現呢？依據《阿吒婆拘鬼神大將上佛陀羅尼經》中記載：由於後世惡鬼增盛、惡人眾多、惡毒蟲獸侵害眾生，加上政治、水災、火災、戰爭、殺戮等災難，因此阿吒婆拘（大元帥明王）就稟報佛陀，自己發願護持在野外林間及城邑村里的修行者，作為其護法，使其不遇到以上種種災難。

而在《阿吒薄俱元帥大將上佛陀羅尼經修行儀軌》中，也記載著佛陀咐囑大元帥明王護法的因緣：當佛即將涅槃時，諸魔鬼神等，得知此事，就來擾亂阿難。大元帥明王知道了，非常憤怒，就召集一切天、龍等八部鬼神眾等，一起來到

一切鬼神之王—大元帥明王

佛陀這兒，請佛住世。佛陀就對大家說：「大元帥明王是諸神中最為上首，威力奇特不可思議，為如來護念。在佛陀滅度後，能守護正法住世，並守護眾生遠離一切苦難，安心修行。」

一般多視此尊為消除惡獸及水火刀兵等障難，鎮護國土與眾生之護法神。日本台密頗重視此尊，每

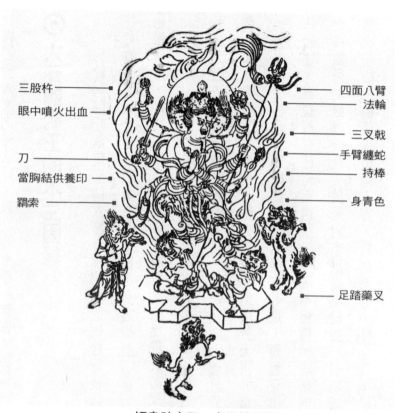

於修鎮護國家之祕法時，以之為主尊，其修法稱為「大元帥法」。

⊙大元帥明王的本生因緣

另於《阿吒薄俱元帥大將上佛陀羅尼經修行儀軌》卷中也記載著大元帥明王往昔發心因緣。他往昔曾在空王如來身邊修學菩薩行。如來滅度之後，由於眾生福報淺薄，接連三年都發生嚴重的旱災，無數飢渴交迫的災民仰倒在道路上。

當時，大元帥明王是城裏的鉅富居士，但當他看到這種慘況之後，心中非常不忍，無法獨自過著舒適的生活，於是他換上破舊的衣物，為災民擔水，佈施飲食，如此持續了六十年，救人無數。但由於天災非常嚴重，而使得盜賊四起。有一天，居士被一群狂賊捉起來，捆住手足，要他交出財物。但他已將所有的錢財佈殆盡，實在沒有任何東西了。盜賊不相信，威脅他再不順從就要取他性命。居士自知恐怕難逃一死，於是向盜賊提出最後一個請求：「請你們將我手腳鬆開，讓我在臨死前可以頂禮十方，皈命三寶，反正我年紀一大把了，離死期也不遠了。」

盜賊心想反正他也逃不掉，於是為他鬆綁。居士非常歡喜，禮敬十方之後，當著上天大聲說著：「十方賢聖啊！您當證知我是無辜而遭此罪！」話聲未落，天地忽然間產生了大震動，十方諸佛菩薩雲集，那些賊人被嚇得悶絕倒地。居士因為慈悲這些盜賊，不願讓他們造下殺生的罪業，就自己將執刑者的刀一把抓來，引頸自刎。在他臨終之時，他發願說：「祈願一切賢聖證知：今天我無辜橫死，願我捨此報身，來生當作大力勇猛之神，威伏無量無邊惡賊惡人，摧破極惡天魔鬼神。倘若未來十方世界眾生，有冤枉橫死者，我皆救護之，使其安穩。」說完之後，他便斷氣了。由於這個誓願，來生他便投胎為夜叉鬼王，即大元帥明王，守護一切眾生遠離一切盜賊惡人，是一切鬼神中最尊最上，所以又被稱為「元帥鬼神大將」。

大元帥明王的真言具有廣大功德勢力，能救護一切眾生得到安穩寂靜，遠離衰惱，滅諸惡毒，及一切王難、賊難、怨家憎恨之難。

此外，大元帥明王還有守護結界及防諸惡咒，如果有誦持者，不但自身能免除一切凶險災難，更能守護國土，消除惡賊怖難、災橫疾疫，無無水旱風霜等天災。

◉大元帥明王的形像

根據經典記載，大元帥明王身現黑青色，身長約六尺，有四面八臂。其中，左、右、頭上等三面各有三眼。在八臂之中，除左、右的第三手當胸結供養印之外，由左第一手開始，依序分別執持輪、槊、索、跋折羅、棒、刀。但在不同圖像中也有各種不同的說法。其手節腕臂上皆纏有蛇，二腳各踏一藥叉，相貌極為兇惡。而《觀佛三昧海經》卷二中也提到，此尊形象為，一頸六頭胸有六面，膝頭兩面，舉體生毛，狀如箭鏃，奮身射人，張眼焰赤，血出流下。此外，另有六面八臂，及一面四臂等形像。

真　言：

1大元帥明王真言

阿車阿車　牟尼牟尼　摩訶牟尼牟尼薁　尼休休　摩訶那迦休休　鬪伽那知阿呼阿伽那知阿多那知　阿吒阿吒　那吒那吒　留豆　留豆　留豆　休休豆留　唏泥唏泥唏泥唏泥　郁仇摩仇摩　仇摩　仇摩　唏梨唏梨唏梨　唏梨　尼利　尼利　摩訶尼利莎訶

2防諸惡咒

留牟　留牟　留牟　留牟　留摩留摩　留摩留摩　唏梨唏梨　唏梨唏梨　唏梨唏梨　仇那仇那　仇那　仇那　仇那　仇㝹　仇㝹　仇㝹　仇㝹　仇留仇留　仇留　仇留　休婁　休婁　休婁　休婁　唏梨暮休　暮休　暮休暮休　暮唏梨暮唏梨暮唏梨暮唏梨　休牟　休牟　休牟休摩休咩提　摩咩思摩阿提迦羅咩兜　莎訶

噉食一切眾毒——孔雀明王

孔雀明王（梵名Mahā-mayūrā-vidya-rājnī），又稱為「佛母大孔雀明王」，在密教修法中，常有為了息災、祈雨、止雨或安產，而以孔雀明王為本尊而修法者，稱為「孔雀明王經法」，為密教四大法之一。孔雀王能噉食五毒諸毒，對於護國、息災、祈雨、除病、安產等都極有效驗。

孔雀明王是怎麼出現的呢？根據《孔雀明王經》所記載，佛陀在世的時候，有一位比丘被毒蛇咬了，痛苦難當。由於當時醫藥難求，但是情況緊急，於是阿難尊者趕緊向釋尊稟告，於是佛陀就為其宣說「孔雀明王咒」，此咒供袪除鬼魅、毒害、惡疾。這也是孔雀明王及其咒語為世人所知的開始。

另外在經中還記載著另一段因為持誦此咒而獲救的故事：在久遠的時劫以前，雪山上有一隻金色大孔雀王，平時經常持誦孔雀明王咒，因此身心常得守護。有一次，他與眾多孔雀女到遠地山中遊樂，一時忘了持誦該咒，恰巧遇到獵人而被捕捉。他在被捉住之時，及時恢復正念，一心持誦孔雀明王咒，終於在千鈞一

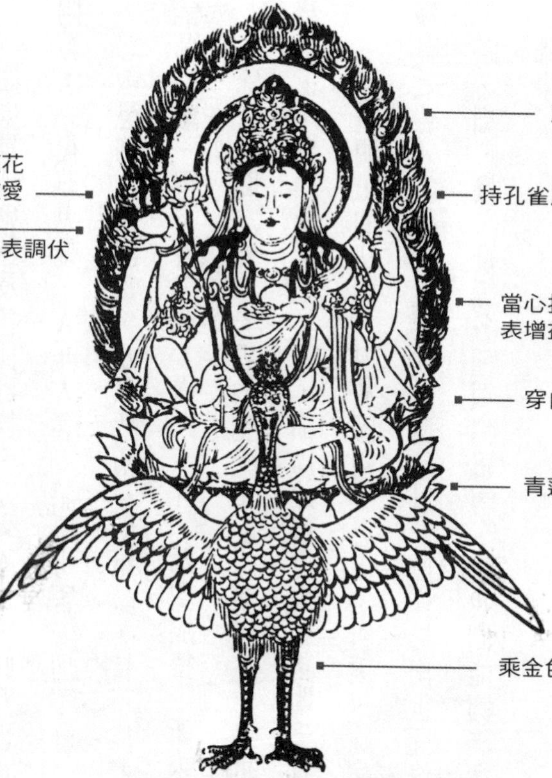

噉食一切眾毒—孔雀明王

髮之際，逃離了獵人的陷阱。

除了為比丘除病之外，佛陀也為阿難，廣為演說孔雀明王經咒的功德威力；無論是在城市聚落或是無人曠野，遇到惡賊、仇敵，還是天災人禍，乃至種種疾病苦惱時，都應持誦此咒。

此外，孔雀明王對旱災祈雨及水災止雨的修法也有特別的力量。佛陀告訴阿難：「若天旱時及雨澇時，讀誦此經諸龍歡喜，若滯雨即晴，若亢旱必雨，令彼求者隨意滿足。」

如果是被鬼魅及各種毒物、咒術所害，此咒也有特別的效驗。因此佛陀告訴阿難：「復有鬼魅、人非人等，諸惡毒害一切不祥，及諸惡病一切鬼神並及使者，怨敵恐怖種種諸毒，及以咒術一切厭禱，皆不能違越此摩訶摩瑜利佛母明王，常得遠離一切不善之業，獲大吉祥，眾聖加持，所求滿足。」

除了人間之外，天界的梵天王、帝釋天王，及四大天王、無量藥叉眾，乃至諸龍王、鬼神及其眷屬等，都以此佛母大孔雀明王真言來守護受持此經咒者。

孔雀明王的法門，對於護國、息災、祈雨、除病延壽、安產等世間利益，都極有效驗。當然最重要的，還是以此尊作為出世間修行的依怙，祛除我們心中貪、瞋、痴、慢、疑等各種煩惱毒害，使我們能圓滿智慧、慈悲的菩提，速成無上的佛果了。

⊙孔雀明王的形像

一般明王多現忿怒像，而孔雀明王，則形像莊嚴，慈藹可親。常見身像多作白色的身形，穿著白繒的輕衣，凌風飄然，身上、頭冠、瓔珞莊嚴，乘在金色孔雀王，並結跏趺坐，坐在白蓮華或青蓮華之上。

其相貌慈悲，一般具有四臂，右邊的第一手持著開敷的蓮華，代表著敬愛；右第二手持著俱緣果，代表著調伏；右邊的第一手當心持著吉祥果，代表增益，左第二手持著孔雀尾代表息災。而其孔雀座椅上的白蓮座是表示攝取慈悲的本誓，而青蓮座則代表降伏之意。由孔雀尊形像中所顯露的意義，可知此尊具有敬愛、調伏、增益及息災四種妙德，能滿足一切的願望。而其以能噉食諸毒蟲的孔雀為座椅，更象徵了此尊能噉盡眾生一切五毒煩惱。

在現圖胎藏界曼荼羅中，將此尊安置於蘇悉地院，形像呈肉色，二臂，右手持孔雀尾，左手持蓮華，坐赤蓮華。三昧耶形是孔雀羽。西藏流傳的形像則呈三面八臂，坐蓮華座，沒有騎孔雀。

⊙孔雀明王的手印

《白寶口抄》舉〈佛母大孔雀明王畫像壇場儀軌〉說：此尊印相為佛母大孔雀明王印：二手右押左，內相叉，二拇指、二小指各直豎，食指拄，即成。合併的兩個大拇指，代表孔雀觜。立合二小指，表孔雀尾。孔雀能噉食一切毒蟲，就如同孔雀明王斷盡眾生一切煩惱惡毒，孔雀尾能拂去無量災禍，賜予吉祥。再來左右食指、中指、無名指六指三度動之，表示孔雀羽毛拍打之義，隨著拍打的動作持誦真言三次，象徵拂去無量障難，招集無邊吉祥。如同一切眾生皆悉被覆護於此明王的羽翼之下，拂除諸災難，能招集諸功德，是象徵慈悲與智慧的兩翼。

真　言：唵　摩庾羅訖蘭帝　娑縛訶

oṁ　mayūrā　krānte　svāhā

歸命　孔雀不能超　成就

破除一切災障—軍荼利明王

軍荼利明王（梵名Kundah），為梵音譯名，意譯為「甘露瓶」。又稱作「甘露軍荼利」，是密教五大明王之一。因為其示現忿怒像，形貌又酷似夜叉身，所以也稱為「軍荼利夜叉明王」。

依《瞿醯經》中所記載，軍荼利明王能破除一切災難，威德廣大；如果結此明王大三昧耶印時，能具足威力，降伏怨敵。

另外有一種說法，說甘露軍荼利乃是觀自在菩薩所變化，金剛軍荼利即金剛手菩薩所變化。在《蘇悉地經疏》中稱軍荼利菩薩為大精進菩薩，居住於妙喜世界。

軍荼利明王能摧破種種魔障，以慈悲為方便，示現大忿怒形，成為大威力日輪，照耀修行者黑暗無明，悉地成就，其並流出甘露淨水，將含藏意識中染著的種子洗滌清淨，迅速聚集福德智慧，獲得圓滿清淨法身。

軍荼利明王的修法，大多用在調伏怨敵，或息除災障、增益福德。如果修行

破除一切災障—軍荼利明王

者每天在吃飯前，供出少分食物，然後念誦軍荼利明王心咒七遍，如此不論在任何地方，都會得到明王的加護。此外，軍荼利真言也常用來作為修持其他密法的輔助，或作加持供物、或結界之用。

⊙軍荼利明王的形像

軍荼利明王的形像，通常為四面四臂，或一面八臂的造型。

在《軍荼利儀軌》中描述，其四面四臂像如下：四面的臉部表情各有不同，正面慈悲、右面忿怒、左面大笑、後面微怒開口。因為其中大笑的造像，軍荼利明王又被稱為「大笑明王」。這四面四臂象徵的是息災、降伏、敬愛、增益四種法。全身為青蓮華色，安坐於磐石之上。

至於一面三目八臂的造形，是頭戴髑髏冠，眼張大，作大瞋目，並有二條赤蛇垂在胸前。八隻臂手之印契為，右最上手，持金剛杵；下第二手，執持三叉雙頭長戟；下第三臂，壓左第三臂，相交在胸前，各作跋折羅印；下第四臂，為施無畏手。左上手中，把金輪形，下第一手，中指以下三指各屈向掌，大指捻中指上節側，食指直豎，向上伸之，屈其臂肘，手臂向左；下第四手，橫覆左胯，指頭向右。

真言：曩謨 羅怛曩怛羅夜也 曩麼 室戰拏 摩訶縛日羅俱路馱也 唵

戶嚕 戶嚕 底瑟吒 底瑟吒 滿馱 滿馱 賀曩 賀曩 阿蜜哩帝

吽 發吒 娑縛訶

namo ratna-trayāya nama- aścaṇḍa mahā-vajra-krodhāya oṁ huru

huru tiṣṭha tiṣṭha bandha bandha hana hana amṭṛe hūṁ phaṭ svāhā

歸命 三寶 歸命 暴惡 大金剛忿怒 歸命 速疾 速疾 安住

安住 繫縛 繫縛 殺害 甘露 忿 摧破 成就

轉穢惡為清淨——穢跡金剛

穢跡金剛，梵音譯名為烏樞沙摩明王（梵名Ucchuṣma），是密教及禪宗所奉祀的忿怒尊之一。

烏樞沙摩明王具深淨大悲，以噉盡一切諸物的不淨為本誓，不避穢觸，以大威光明，燒除眾生一切煩惱、障礙能守護眾生生產順利，能驅逐毒蛇、惡鬼，轉種種惡穢為清淨。

以穢跡金剛為本尊的修法，稱為「烏蒭沙摩法」，多用於祈求生產平安，或祛除生產時的不淨。如果是想要驅逐毒蛇、惡鬼等，也可修學此法。經中記載：如果孕婦產期延遲，持穢積金剛咒語加持水一百八遍，令其服之則順利生產。集經卷九中說；如果看見死屍、婦人產處、六畜生產、血光流處等種種穢惡，咒術無法實施時，手結穢積金剛手印，誦持解穢咒，即得清淨，所行咒法皆能產生效驗。

根據《慧琳音義》卷三十六所記載，穢跡金剛的本願，是噉盡一切諸物的不

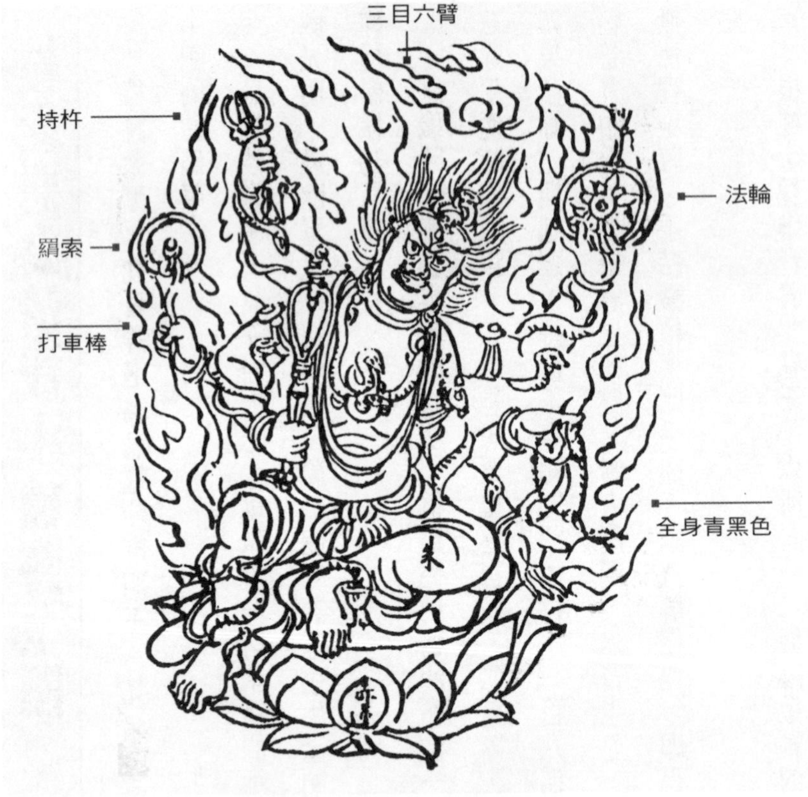

轉穢惡為清淨—穢跡金剛

淨，具深淨大悲，不避穢觸，為了救護眾生，以如猛火般的大威光，燒除一切煩惱妄見。由於穢跡金剛具有轉不淨為清淨的特德，所以常被置於不淨處供奉。

凡是持誦此明王之神咒者，可得大功德，不但可得到除病、敬愛、避難、受福、敵伏等大利益，更可防禦古木精、惡鬼、毒蛇等諸障礙。此外，有所謂烏蒭沙摩明王變成男子法，可使女胎變為男胎。

穢積金剛其形像有二臂忿怒形、四臂忿怒形、四臂瑞正形、三目六臂形、三目八臂忿怒形等多種身形。

二臂像的造型為，右手舒五指以掌拓心，左手持杵，左足踏毗那夜迦，右足踏娜拏，令娜拏一頭押著毗那夜迦。

而一般常見多採《大威力烏樞瑟摩明王經》卷上所說的四臂造型，作忿怒形，眼睛紅色，通身青黑色，遍體起火焰，右上手執劍，下手持羂索；左上手持打車棒，下手執三股叉，一一器杖皆起火焰。

穢積金剛的三昧耶形，於《尊客鈔》中說為三股杵，於《薄草訣》則是獨股杵。此外尚有劍、索、棒等異說。

至於其印相亦有多種，其中於《陀羅尼集經》卷九所記載之「解穢印」為，以二小指相鉤於掌中，二無名指、中指、食指直豎相搏，二大拇指安在掌中，二小指上合腕。

真言：

根本真言

唵 吽 發吒發吒發吒 鄔仡羅 戍攞播寧 吽吽吽發吒發吒發吒

唵 擾羝 寧囉曩娜 吽吽吽發吒發吒發吒唵唵唵 摩訶麼攞 娑縛訶

oṁ hūṁ phaṭ phaṭ phaṭ ugra śūlapāṇi hūṁ hūṁ hūṁ phaṭ phaṭ phaṭ oṁ dūti nirnada hūṁ hūṁ hūṁ phaṭ pha phaṭ oṁ oṁ oṁ mahābala svāhā

歸命 吽 發吒發吒發吒 強力 持鉾者 吽吽吽發吒發吒發吒

歸命 使者 無聲響 吽吽吽發吒發吒發吒 歸命 歸命 歸命 大力 成就

解穢真言

唵 修利摩利 摩摩利摩利 修修利 莎訶

oṁ ṡrīmali mamali mali suṡrī svāhā

歸命　吉祥保持　幸福保持保持　華麗吉祥　成就

息災增福——金剛童子

金剛童子（梵名kani-krodha），又稱為金剛兒，相傳他是阿彌陀佛的化身，或是與穢跡金剛為同體之尊，或說是金剛薩埵的化身。

以金剛童子為本尊所修之息災、調伏等法，可得證悟一切三乘佛法的利益，有大威神力，能卻除眾生種種災苦，增長福德，修其法有得見諸佛、祈雨、避難、順產、除病等功德利益。

金剛童子有大威神力，能卻除眾生種種災障，《聖迦柅忿怒金剛童子菩薩成就儀軌經》就詳列了種種因應不同眾生災苦的消災祈福法。例如：若被河水漂溺，設令解浮困乏無力，念誦其真言則得淺處。若人有危難，稱彼人名念誦真言則得解脫。如果有欲除身上疾病，令福德增長者，可令童女澡浴著新淨衣，右合五色線作結、加持一百八遍繫右臂上，即疾病消除、福德增長。如果經過惡賊出沒之境，如果一心念誦此尊真言，則不被賊劫奪傷害。如果有被鬼魅所擾者，可取佉陀羅木修此尊護摩，則能去除一切鬼魅。

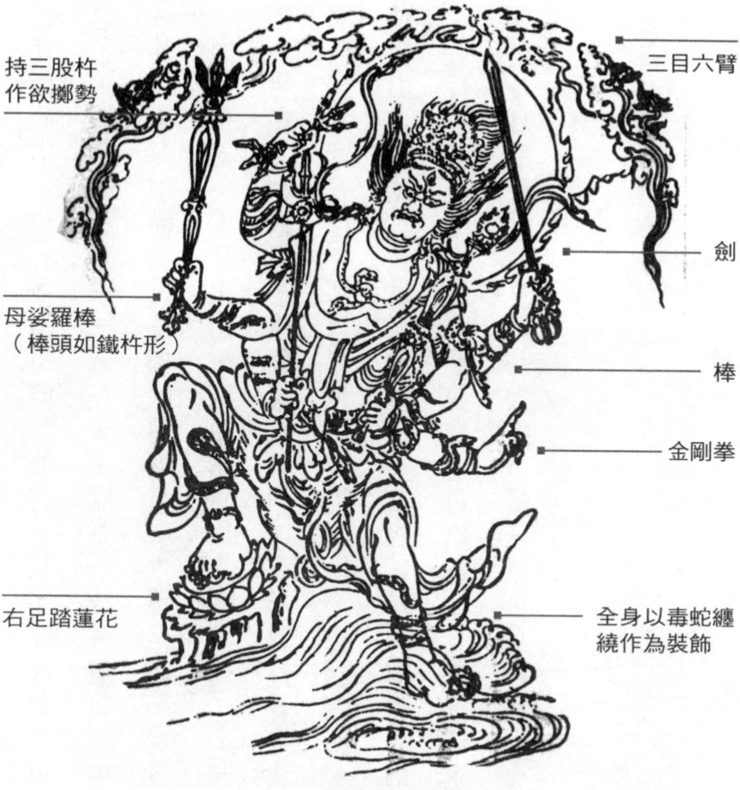

息災增福—金剛童子

此外，此尊的修法，也運用於祈雨。如果遇到乾旱，欲令天雨者，則觀虛空誦真言二十一遍，即降甘雨，取雨水獻佛，已後所作，皆得成就等等，此外，尚有順產、避難，除卻病疫等等修法。

金剛童子的形象呈忿怒形，身為肉色，高舉著左腳，兩臂展伸，左手持金剛杵，右手向下結施無畏印，右腳踏在蓮花上，頭部有圓光，髮呈上揚的火燄狀。在各種儀軌中，也有多種不同形像的記載，而身為黃色者稱為「黃童子」；身為青色者，稱為「青童子」。在《金剛童子成就儀軌》中，有描述「青童子」的造像。其自大海中涌出，身如吠瑠璃色，六臂三目，其目赤色，口咬下唇，顰眉威怒，頭戴寶冠，犬牙上出，左足踏寶山上之蓮花，右足沒於海中。

另在《金剛童子成就儀軌》中，有描述此尊自大海中湧出之形像為身如吠琉璃色，六臂三目，其目赤色，口咬下唇，顰眉威怒，頭戴寶冠，犬牙上出，左足踏寶山之蓮花，右足沒於海中。這也就是一般所說的青童子。

有時其身像以一大蛇於身上角絡繫，又以一切毒蛇，作膊釧、臂釧、腰條、瓔珞及耳璫繫髮。又以一大蛇繞腰三匝，身背圓光火焰圍遶，於火焰外有其雷電以相輔翼。

真言：

根本真言

曩謨 囉怛曩怛囉夜野 曩莫室戰拏日囉播拏 摩賀藥乞灑細曩鉢

多曳 怛彌也他 唵 迦捉度額 吽 發吒娑嚩賀

智慧與空性不二——普巴金剛

普巴金剛，「普巴」是藏音，意思是「橛」，為此尊手中所持主要之法器，為一三角形前尖之利器，故古來有「金剛橛」之稱，今通稱為「普巴杵」。此外，「普」為空性之意，「普巴」為智慧之意，「普巴」就是空性與智慧結合成不二的體性之意。

普巴金剛具足無比大悲威力，可以斷除所有鬼神、非人、天魔、惡咒之迫害，並可降魔息災及消除危難。

古代藏密的行者，常以普巴金剛為主要本尊，在藏傳的噶居巴、寧瑪巴、格魯巴、薩迦巴等四派均有「普巴金剛法」，其中又以寧瑪巴與薩迦巴特別重視之。

普巴金剛具足無比大悲威力，而外現忿怒相，除了可以斷除所有鬼神、非人、天魔、惡咒之迫害，並可降魔息災及消除危難。另外，亦可以對治自我的貪執與煩惱，消除一切自心與外相的障礙。

普巴金剛是如何示現的呢？相傳往昔於屍陀林中，住著一個大力鬼神，名叫

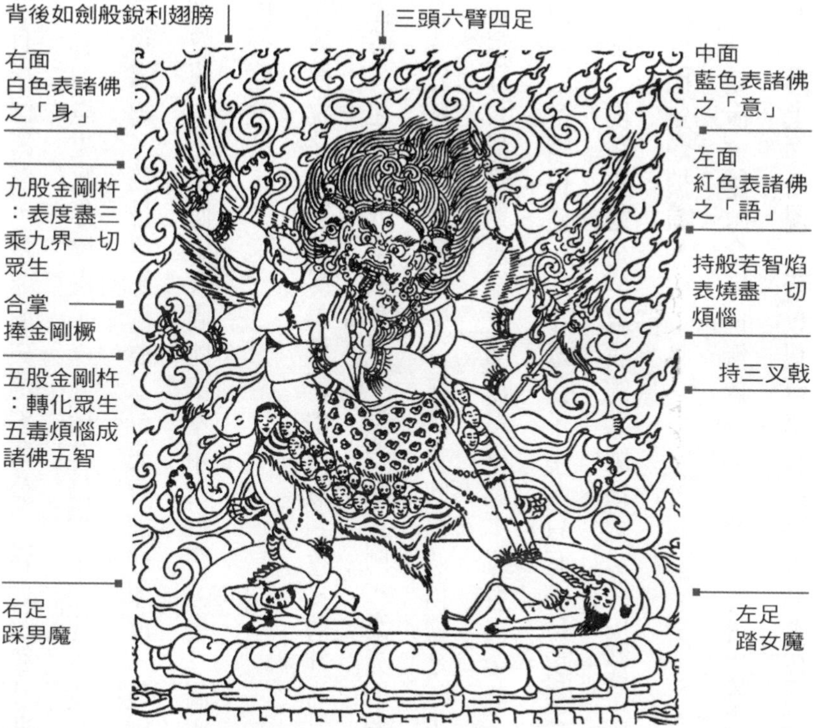

智慧與空性不二—普巴金剛

「麻當魯扎」，具有三頭六臂四足，背後還長了一對翅膀，為害眾生。此時，金剛薩埵忿怒身噶瑪黑魯嘎，為了降伏此大力鬼神，乃化為普巴金剛，示現與此大力鬼神同樣威猛的身形，具無比大威神力，才將此大力鬼及一切魔敵摧伏。

另外有一個傳說，在印度與尼泊爾邊

境有一個巖洞，是蓮師與尼泊爾公主釋迦德華往昔在此修殊勝道之處。當時有三位具力魔鬼來作障礙，以間斷其修行；並連帶使當地三年不雨，疫症流行，連續荒年饑饉。於是蓮師派遣二位使者前往印度，取回降伏鬼怪的方法，名為「普巴續教傳」。在使者取回此法才剛返抵時，這三個魔鬼，都已自動遠遁，立時雨下而疫症全消。

傳說往昔蓮師與弟子，由西藏到夜叉的地方，途經孔湯拉兩個山間低窪的路徑時，蓮師化成兩個身，一是普巴金剛，為光明體，一個是他自己本身。

於是蓮師問弟子：「你們要向那個頂禮？」大部份的弟子們都回答：「以前我們每天都看到蓮師，卻從沒見過本尊普巴金剛，到今日才得見著，所以我們要向普巴金剛頂禮。」在眾弟子中，只有一位弟子移喜措嘉說：「我以前敬禮我的上師，現在我還是要對我的上師頂禮。」因此，除了移喜措嘉以外，其他弟子都向普巴金剛頂禮。

隨後，蓮師念「班渣猛」，立時只見普巴金剛本尊融入蓮師的身中。這代表本尊乃上師所現，所以只有移喜措嘉得到普巴金剛的特別加持。普巴金剛法的傳承就是從移喜措嘉來的。

⊙普巴金剛的形像

普巴金剛身黑藍色，具有三頭，每頭各有三目，六臂四足。中間一頭藍色，表大勢至菩薩之忿怒相「金剛手」，表諸佛之「意」；右面白色，表文殊菩薩之忿怒相「大威德金剛」，表諸佛之「身」。左面紅色，代表阿彌陀佛（或說為觀音菩薩）之忿怒相「馬頭明王」，表諸佛之「語」。每一頭口中各有二牙上出，二牙向下。

其六臂，第一手執天鐵製九股金剛杵，鐵表忿怒，九股表盡三界九乘一切眾生）；右第二手執金製五股金剛杵，金表喜樂，五股表轉五毒成智。左第一手持般若智焰，表燃燒一切苦惱；第二手持三叉戟，代表盡攝三界空行母。原本二手合掌捧頭面金剛橛，表淨除一切煩惱、魔障。

背後有如利劍般銳利的翅膀。右二腳踩二男魔之背，左二腳踩二女魔之胸，安立於般若智焰中。所抱佛母名柯洛潔蝶，身淺藍色，右手持烏巴拉花，另有傳承持天杖者，左手托著顱器，腰圍豹皮裙。

普巴金剛的佛母有二位，一名口洛潔蝶是喜樂相，二名阿松媽為忿怒相。上述尊形所抱的是第一位佛母。佛母右手所持的喀章嘎即表第二位佛母阿松媽。

另此尊身著三種皮衣：象皮，表降服愚痴；人皮，表降服貪愛；虎皮，表降伏瞋恨。頭戴五骷髏冠，表五佛五智。頸上掛有三串人頭項鬘、骨飾，並佩有五種蛇飾以表五種龍族，代表具足降服龍族，能統治一切之大威勢力。

真　言：唵　班雜　嘰利　嘰拉呀　沙爾瓦　比嘎念　嗙　吽呸

吞盡一切惡性眾生——金剛夜叉明王

金剛夜叉明王（梵名Vajra-yakṣa），有多種不同的名號：因其能噉食一切惡業眾生，所以也稱為「金剛焰口明王」；又因為其身呈黑色，所以也名為「大黑明王」；又因其能吞盡一切惡性有情，故也名為「金剛盡明王」。又有「調伏金剛」或「護法金剛」密號。為北方不空成就如來的教令輪身，為不空成就如來降伏惡性眾生的化身。

在日本密教的兩種不同傳承裏，東密系統認為此一明王是五大明王之一，而台密系統所立的烏樞沙摩明王（穢跡金剛）與此明王同體異名。金剛夜叉明王誓願吞噉除盡一切惡行眾生，及三世一切惡穢觸及染欲心，使其出生於正法。

此明王為本尊的修法，名金剛夜叉法，主要用於調伏或息災。根據《覺禪鈔》〈金剛夜叉法〉上卷所載，此法有往生淨土、吞噉惡性眾生、急殺惡人、惡人死亡法、死而甦生法、得好子女、得升官位等功能。但相傳此法極為祕密，不可任意修習。

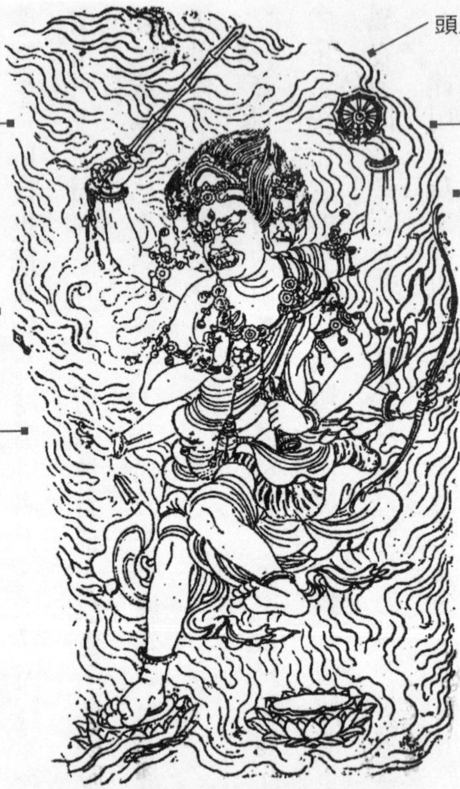

吞盡一切惡性眾生—金剛夜叉明王

相傳金剛夜叉明王的真言頗為靈驗，如果能一心持誦一千零八十遍，則三千大千世界諸天神，皆能隨順懾伏。修習金剛夜叉明王法，通常用在息災法與調伏法。據《金剛藥叉瞋怒王息災大威神驗念誦儀軌》中說，此尊為金剛手虛空庫菩薩所化現。

在日本，也有人

以此尊明王行降神之法，以此來預卜吉凶與禍福。此外，在飲食前，如果能持誦此明王的真言七遍，也可以預防食物中毒的災患。

⊙金剛夜叉明王的形像

金剛夜叉明王的形像為三面六臂，現大威忿怒相，頭上有馬王之髻，正面有五目，左、右兩面各有三目，以七珍瓔珞莊嚴其身。身材高大無量，遍身燃燒火焰。

六隻手臂所持的物品，第一手右持五股杵、左持金剛鈴；第二手左持弓、右持箭；第三手左手持輪、右手拿劍。右腳舒踏蓮華，左腳高舉而下有蓮華。而日本東寺五大尊中的金剛藥叉的像，則是左足申踏花上，而右足少屈。其手中所持之物，在修行法中各有不同的含意，如劍、輪象徵降伏法；弓、箭象徵敬愛法；鈴、杵象徵自身的金剛薩埵。

第二章 諸天護法

天（梵語deva），梵音音譯為「提婆」，意思是「天界」、「天道」等，也有「天上者」或「尊貴者」的意思，是指六道之中的天道，也就是一般所說的天人、天神。

天界眾生所居住的世界，大可分為欲界、色界、無色界等三個區域，這是以當地生命的特徵來區分，如：欲界天的眾生因為有「淫欲」、「食欲」二大欲望，因此稱為「欲界天」。

「色界」的「色」有變礙、示現的意思，色界位於欲界上方，但遠離欲界的染污，一切物質皆是清淨的。色界天的眾生離於一切欲望，不染著於穢惡的色法，但是仍然被清淨微細的色法所繫縛，這裏的生命形態為單性，沒有男女之別，不會產生憂愁、痛苦，色界的天人以光明為食物與語言。

「無色界」沒有物質現象，只剩下感受、思想、心行、意識四種生命特性。無色界天的生命型態是安住於禪定境界，能超離於一切物質現象（色法）的纏縛，依止於精神現象（無色法）而存有，所以稱為「無色界」。

在這三界中，欲界有六天，色界有四靜慮處十七天，無色界有四處，共是三界二十七天。

欲界天又分為六個區域，稱為「六欲天」，分別為：四天王天、忉利天、夜摩天、兜率天、化樂天、他化自在天。

在佛教的宇宙觀中，以須彌山為宇宙的中心點，其中四天王天在須彌山之半山腰，忉利天在須彌山之頂上，二者稱為「地居天」。兜率天以上住在空中，所以稱為「空居天」。

欲界天再上去是「色界天」，在欲界之上。此界由禪定之淺深粗妙來分為四級，稱為四禪天。色界的生命型態有身形，也有種種宮殿等建築。四禪天分別為：

一、初禪天：下分梵天、梵眾天、梵輔天、大梵天。

二、二禪天：下分少光天、無量光天、光音天。

三、三禪天：下分少淨天、無量淨天、徧淨天。

四、四禪天：下分無雲天、福生天、廣果天、無想天、無煩天、無熱天、善見天、善現天、色究竟天。

色界再上去為「無色界」，無色界的生命型態沒有身體，也沒有宮殿房舍等建築，在這裏只有心意識的或相續或靜止，也可說是在禪定中。其中有四個天：空無邊處、識無邊處、無所有處、非想非非想處。

在欲界、色界等諸天界中，每個天界國家都有各自的領袖，稱之為「天王」。例如，在欲界天的四王天中，有東、南、西、北四天王，日、月、諸星都是其臣眾。忉利天中，則是以帝釋天為天王，統領三十三天的天眾。在兜率天，釋迦牟尼佛降生人間之前，就曾是兜率天天王。

天神所居住的地方，也就是我們常說的「天堂」，指天上諸神所居住的殿堂，又稱為「天宮」。一般常將「天堂」作為「地獄」相對的名詞，比喻向上昇華及向下沉淪。例如在《法華玄義》中說：「心能地獄，心能天堂，心能凡夫，心能賢聖。」

三十三天的統領者——帝釋天王

帝釋天為佛教之重要護法神之一，若有眾生行於正法，皆能受其與眷屬之護佑，而得消災增福。

帝釋天（梵名śakra,Devanam-indra），為忉利天的天王，是佛教的重要護法神之一，也是四天王天及地居的天、龍、夜叉們的統攝者。帝釋天有很多別名，其中較常見有釋提桓因、憍尸迦、千眼、因陀羅、釋迦天王等名。

在《大智度論》卷五十六等經論中，記載著帝釋天的本生故事：往昔帝釋天原來是摩伽陀國的婆羅門，姓憍尸迦，名摩伽，生性樂善好施，特別是對於出家人及貧窮困苦的人，都能樂於佈施資助，由於他生前累積了極大的福德，因此死後投胎到天上，成為忉利天天主帝釋天。

帝釋天有一個寶瓶，名叫「帝釋瓶」，可以隨心所欲變現各種寶物。

忉利天有三十三個天宮，所以又名為三十三天，帝釋天就住在最中央的善見城（或稱為「喜見城」），統領三十三天。善見城周圍環繞著三十二天宮，分別

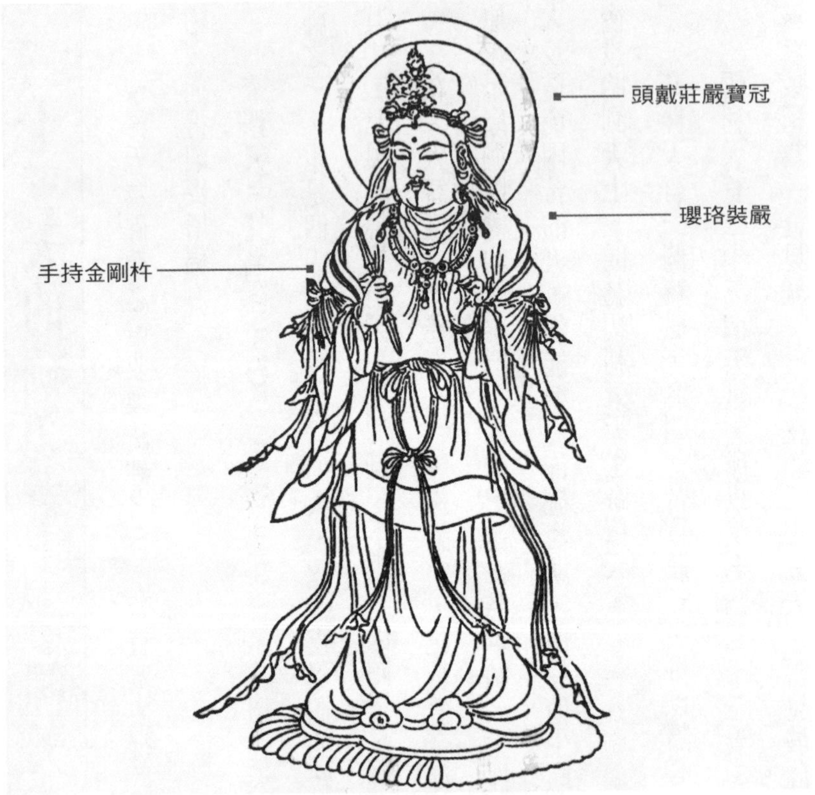

三十三天的統領者一帝釋天王

由三十二位輔佐大臣鎮守。這三十二位大臣，和帝釋天也有極深的因緣，他們原本是帝釋天在人間的至友，由於往昔在人間曾經共修福德，所以死後都投生到忉利天，分別成為三十二天的天主。帝釋天的眷屬除了有四大天王等地居天、龍夜叉眾眷屬外，身邊還有十大天子隨侍在側。

為什麼帝釋又被稱為「千眼」？

這是根據《雜阿含經》卷四十的說法，因為帝釋天具有極高的聰明智慧，於一坐間能觀千種之義，所以又被稱為「千眼」。而其形像也常呈天人形，坐於巨象上，以千眼莊嚴其身。

帝釋天的四個寶苑

忉利天位於須彌山（Sumeru）上，是個欲樂享受非常美妙的地方。據《大毗婆沙論》卷一三四所記載，帝釋天所居的善見城，城外的四面各有一方正的大苑，在各苑的中央都有一如意寶池，池中八功德水盈滿，是帝釋諸天遊戲的地方。這四苑分別是：

(1)眾車苑：帝釋諸天如果想遊玩時，隨其福德之力，於此苑中自然出現種種寶車。

(2)粗惡苑：帝釋諸天如果要打仗戰鬥時，此苑中自然隨其所需要，出現種種盔甲杖器等武器。

(3)雜林苑：帝釋諸天如果到此苑來遊玩，此苑會隨各人心所欣喜，出現種種奇妙遊樂的物品，讓每個人都玩得非常快樂。

(4)喜林苑：帝釋諸天如果遊此苑時，種種極樂美妙的境界皆來集，使人歷觀遍覽而喜樂無窮，百遊不厭。

忉利天的自然環境華麗之極，種種物質享受與娛樂也極盡美妙，這裏的天人每天的生活，幾乎可以說都在享受遊樂，沒有什麼不如意的事，除了兩件事之外。

第一件事就是當天福享盡，壽命將盡時，會出現天人五衰的徵相，第二件事就是與阿修羅之間的戰爭。

天人和阿修羅可以說是世仇，雖然天人和阿修羅的欲樂享受不相上下，但是阿修羅卻老是喜歡和天人相比較，總覺得天人的享受比自己好，因此常與天人戰爭。像居住在須彌山頂的忉利天天人，與居住在須彌山北大海底的阿修羅眾就是世仇，常互相爭戰，互有輸贏。在《雜阿含經》卷三十五中還提到帝釋天勸勉軍心的話：過去當天人和阿修羅打仗時，帝釋天告訴天人大眾：「大家和與阿修羅鬥戰時，如果心中生起恐怖時，應當憶念我的帝幢，此帝幢名為『摧伏幢』。只要憶念此幢，恐怖即得消除。』」這個象徵勝利的幢又稱為「帝釋幢」。

經典中處處可見帝釋天與阿修羅戰爭的記載。有一次帝釋天王與阿修羅戰爭，帝釋天落敗，趕緊向佛陀的祈求加持，於是佛陀從頂髻上現起千臂千眼，持著大白傘蓋的佛母，將阿修羅眾嚇得潰逃而去。

天神會死亡嗎？

會的。只要是有出生，就會有死亡。當天神的天福享盡，臨命終時，會先現起五種衰敗的徵兆。

這五種徵兆分別是：

⑴頭頂上美麗的華冠自行凋萎，

⑵潔淨莊嚴的天衣開始出現垢膩不淨，

⑶腋下開始流汗，身體健康走下坡

⑷不再樂於本座，煩躁不安

⑸身邊的玉女（或天男）開始嫌棄遠離。

這五種明顯的徵兆稱為「大五衰相」，而在《大毗婆沙論》更舉出其他的細節，稱為「小五衰相」。

⑴種種衣服莊嚴具不再發出樂聲：平時天人往來移動時，身上的衣服、瓔珞等莊嚴器具，自然會發出各種美妙的樂聲。但是當壽命將盡時，就不再發出此聲。

⑵自身光明忽然昏昧不明：平時天人身光赫奕，晝夜恆常照耀。但是將臨命終時，這身光就會逐漸變得微小、昏昧。

⑶於沐浴後水滴著身：由於天人的皮膚非常細滑微妙，因此沐浴後，水滴原本是不會凝聚在於皮膚上的，但是臨命終時，身體開始衰敗，水滴就開始會附著在身

上。

(4)本性囂馳而今滯於一境：天人的眼、耳、鼻等六根本來都是非常犀利，非常活潑，但是臨命終時，諸根則停滯而執著於一個境界，作用大大減弱。

(5)眼根本來凝然寂靜，現在眼目數數瞬動：天人平日身力強盛，眼目安定不會瞬動，但是臨命終時，由於身力虛弱，眼目就經常瞬動不安。

帝釋天是佛教的大護法，向來非常護持佛教。他不只常向佛陀請法、問法，也經常用種種勝妙物品供養釋尊與僧眾。在經典中也常常可見到帝釋天請佛說法、聞佛說法或護持正法行人的種種故事。例如，在佛陀誕生時，帝釋天即以勝妙天衣跪接小佛陀。當釋迦菩薩前往菩提樹下，即將成道時，帝釋天也割下吉祥草供養，於是菩薩就在菩提樹下，以此吉祥草敷成吉祥座，於此金剛寶座上，成證無上正覺。

當佛陀上昇忉利天為佛母摩耶夫人說法時，帝釋天手執寶蓋，為佛陀的侍從，而佛陀說法完畢，將返回人間時，帝釋天和天眾就在虛空中化現金、銀、琉璃三道寶階，佛陀即依此返回人間。當時佛陀返回人間的地點，就是印度的曲女城，現為桑卡西亞。

除了對佛陀的極力護持之外，在六道眾生中，如果有熾誠學佛的，也往往能得到他的隨喜讚歎與守護。

有關帝釋天的形像，根據經中記載：他安坐於須彌山頂，天眾圍繞，頭戴寶冠，身被種種瓔珞，持金剛杵，身邊有舍脂夫人及六欲天等諸眷屬圍繞。帝釋天的三昧耶形為三鈷杵，象徵能摧破眾生三毒之煩惱，也表示於三界自在之義。

真　言：南麼　三曼多勃馱喃　鑠吃囉也　莎訶

namaḥ　samanta-buddhānāṁ　śakrāya　svāhā

歸命　普遍諸佛　鑠吃羅也（帝釋天的梵名）　成就

警策精進的神奇天鼓

帝釋天神所統領的忉利天中，有一座神奇的鼓，它不需人敲打，就會自然發出聲響。這座鼓什麼時候會響呢？在《華嚴經》〈賢首品〉中說，當天上的諸神放逸享樂，忘記修行時，虛空中就會出現天鼓的聲音說著：「一切五欲快樂都是無常的……諸位天神應該欣樂於真實之法。」正在嬉戲遊樂的天人們被這麼一提醒之後，就會生起修行聞法的心，紛紛來到法堂裏。有時帝釋天會為大家說法，有時佛陀或聖弟子們也會來為天神們說法，幫助他們去除貪愛，隨順寂靜真實之道。

除了這座天鼓之外，還有另一種天鼓，如果有外敵入侵，它就會自動響起，發動警戒。當天神與敵人交鋒時，只要聽見天鼓的聲音，無不軍心大振，勇健無比，使敵人怖畏。敵人離去時，天鼓也會響。因此，經中常以天鼓來比喻佛陀的說法。眾生的煩惱就像身心的敵人，當煩惱即將來襲時，佛陀就為其說法。眾生聽了佛陀說法，無不心生勇健，使諸魔怖畏。當眾生的業障煩惱即將消除時，佛陀也會為其說法，幫助其修行增上。而天鼓無心自然能行此事，佛陀也是如此，雖然為眾生說法卻是無心而為之。因此經中常以此來比喻佛陀的說法。

三界的主宰——大自在天

大自在天（梵名Maheśvara），又稱為伊舍那天，即印度教濕婆（Śiva）神。音譯為「摩醯首羅」，意譯為「自在」或「眾生主」。

在印度的文化傳統中，大自在天原本與毗溼奴神同為梵天之下的神祇，後來成為三者同位。而在印度教中，大自在天除了是宇宙的創造者之外，並司暴風雷電。

依《外道小乘涅槃論》所記載，印度的宇宙觀，認為三界中的一切生命及萬物，都是大自在天所生。其中說他以虛空為頭，以地為身，水是尿，山是糞，一切眾生是腹中蟲，風是命，火是體溫，罪福是業。在印度，有一種派別是專門禮拜此天，這些人被稱為「摩醯首羅論師」。

大自在天皈依佛教後，在密教中被視為是十二天護法聖眾之一，守護東北方。《供養十二大威德天報恩品》中說：「伊舍那天（大自在天）喜時，諸天亦喜，魔眾不亂也。……此天瞋時，魔眾皆現，國土慌亂。」

三界的主宰一大自在天

⊙大自在天的本生因緣

佛陀神通第一的弟子目連尊者，曾經到大自在天宮受大自在天及其王妃供養，當時他因為不了解大自在天所說的一句話：「極久遠時佛乃方出」，而回到人間請問世尊，佛陀因此而宣說大自在天子本生的因緣。

往昔於功德海佛出世時，大自在天為一婆羅門之子，名叫「商迦」，當時他與其兄弟「魯支」，兩個人一起相偕入山修道。當時商迦於佛前然三盞燈，供養三條針，志心供養佛陀，並發願：「獻此三燈、三針，願具足三眼、得三股叉。於生生中，恒行佈施之願，為世間主宰，得八種自在，成就欲樂，心識聰利。」

由於他佈施三盞燈，感得面生三目；佈施三針，感得三股叉。由於他旋繞禮敬佛陀，感得世間愛敬、八種自在，為其主宰，能生滅世間。

同經中並記載：大自在天托生在人間的故事：當時大自在天從梵天下降人間的屍陀寒林之中。寒林中剛好有一個名叫「幻化」的女餓鬼。大自在天即與其交媾，女鬼即有娠。大自在天即託生在鬼腹內，後乃生人間身，他出生時，面即有三目，身上放出光明。他的餓鬼母親看了之後，恐怖的逃走了，留下大自在天一人獨自在寒林中。

由於他的福德力故，光明遍照寒林一切鬼眾。當時，寒林中的鬼眾看見這不可思議的光明，亮得如同白天一般，心生疑懼，就上前問他：「你是什麼人呢？」

大自在天回答：「我是大自在天，名叫『自生』。」眾鬼聽了之後，無不恭敬禮拜，並讚歎他不可思議的光明威力，及莊嚴美好的身相。除了鬼眾之外，天上的天人及梵天，也都慕名來瞻仰。

當時天人大眾看見梵天有五個頭，其中有一個頭非常醜惡，看見的人都很驚恐害怕。於是梵天祈求大自在天：「您可以為我截去這個頭嗎？」

大自在天告訴天眾：「如果截去梵天頭，那麼我不就犯了殺害梵天的罪業？」沒想到天眾跟著起哄：「如果有罪業，我們願意和你一起分擔。」於是大自在天這才同意，立即將自身變成一隻大鷹，用爪子為梵天摘去一個頭。這就是為什麼有的大自在天造像中，手中抓著梵天頭的由來。

大自在天是怎麼被降伏，成為佛教護法的呢？相傳原本大自在天相當剛強冥頑，因此降三世明王，就示現大忿怒身來降伏他。我們現在常看見降三世明王的造像，左足踏大自在天身，右足踏著烏摩妃，就是這段故事。因此有些資料就說「降三世」的意思，指的是降伏三界之主—大自在天。

在密教胎藏界曼荼羅，大自在天位於外金剛部的東北。除了烏摩妃之外，常醉天、喜面天、器手天、器手天后、大黑天、毗那夜迦等都是大自在天的眷屬。

關於大自在天的尊形，依《十二天供儀軌》描述，其身呈淺青肉色，乘黃豐牛，左手持盛血劫波杯，右手持三戟槍，三目忿怒，二牙上出，以髑髏為瓔珞，頭冠中有二仰月，二天女持花。然各處說法不盡相同。

《大智度論》卷二則說其：「八臂三眼，騎白牛。」《秘藏記》則說其像是紫色，手持鉾，乘黑水牛。

真　言：唵　翳係曳呬　摩系濕嚩囉野　娑嚩賀

oṁ　ehyehi　maheśvarāya　svāhā

歸命　請召　摩系濕嚩囉野（大自在天之梵名）　成就

天華與天樂

在經典中我們常可看見，佛陀在講經或示現奇特瑞相時，天人歡喜讚歎的雨下無數美麗的天華，這些天華是指天上的殊勝美妙的花朵。經典中常見的天華有：曼陀羅華、摩訶曼陀羅華、曼殊沙華、摩訶曼殊沙華、優鉢羅華、波頭摩華、拘物頭華、芬陀利華、瞻蔔迦華、阿提目多華、波利尸迦華、蘇摩那華等共計十二種。此外，印度古代也習慣以「天華」來稱讚美好之物，形容此物只應天上有，在《大智度論》卷九中就說：「天竺國法，名諸好物，皆名天物；是人華非人華，雖非天上華，以其妙好，故名為天華。」

除了天華之外，「天樂」也常被用來形容極為美妙的音樂。「天樂」原來是指天界的音樂，在法會時，諸天天神經常以殊妙的天樂來供養佛陀。

傳說中的宇宙創造者——大梵天王

梵天（梵名Brahmā），意譯作「清淨」、「離欲」。古印度認為萬有的根源皆由「梵」所生，而梵天則是「梵」神格化之後所產生的神祇；為婆羅門教的最高神，也是印度教三大神祇（即梵天、濕婆、毗濕奴）之一，被視為宇宙的創造者。

相傳大梵天是從金胎（梵卵）而生，具有有四頭、四臂。而四頭即象徵四部吠陀或印度種姓制度的四種姓；四臂分別持吠陀經典、匙子、念珠、水瓶。

在佛教中，則總稱色界的初禪天為「梵天」，此天包括三個部份：統領梵天的「大梵天」、輔佐大梵天的輔弼臣「梵輔天」，及大梵天所統御的天眾「梵眾天」。其中佛教的重要護法即是指大梵天王。色界諸天的生活，與欲界有顯著的不同，他們沒有淫欲與食欲，只具有清淨微妙的身相，安住禪定境界中。因此，在印度古來即將離欲、清淨之行稱為梵行。

大梵天（梵名Mahā-brahman），又稱為「大梵天王」、「梵天」，有時又

傳說中的宇宙創造者一大梵天王

名為「娑婆世界主」，意思是世界的主宰者。另外由於梵天王的顏貌容狀，恆常如童子一般，因此大梵天王又被稱為「童子」。

大梵天王和他的侍衛梵輔天、部屬梵眾天，合稱為「色界初禪三天」。

為什麼大梵天認為自己是宇宙的創造者呢？在《長阿含經

》中說；當這個世界毀滅，即將形成新的世界之際，剛好有一部份的光音天的天人，天福享盡，命臨終時，從光音天命終，出生於空梵處。當時最先出生的梵天自認為：「我是梵王、大梵天王，無有能創造我者，我是自然而有，在宇宙中最得自在，善於了知一切義理，能使萬物富有豐饒，能造化萬物，我就是一切眾生的創造者。」

而後來出生的梵天也認為：「這位最先出現的梵天就是大梵天王，是自然而有，不是被創造的，是宇宙萬物的創造者，是三界中最尊貴者。我們也是他所創造的。」大梵天以自主獨存，認為自己是眾生之父，乃自然而有，無人能造之，後世一切眾生皆由其化生；他並自認為已盡知諸典義理，統領大千世界，以最富貴尊豪自居。

《大智度論》卷八則記載著大梵天創造人類的傳說：相傳天地的創造，是韋紐從肚臍中出生千葉金色妙寶蓮華，華中有人結跏趺坐，即大梵天王，大梵天王心生八子，八子出生天地人民。

在佛教裏，大梵天王也是重要的天神護法之一。依據《大集經》所記載，過去世諸佛，曾經將守護四天下的使命，付囑給大梵天與帝釋天。《大悲經》中也記載著，佛陀即將入涅槃之前，曾經摧破大梵天的邪見，使他成為佛弟子，且將三千大千世界守護佛法的重任交付給他。因此，在佛教典籍裏，大自在天與帝釋天，可以說是護持佛法與鎮國利民的兩位重要天神。

在阿含經及各種大乘經典中，也經常可見大梵天王深信佛法、輔助佛陀教化的事蹟。每當有佛出世，大梵天王必定先來請轉法輪，並常率領諸眷屬在法會中參法聽受，並時常以法義與佛問答；後來他與帝釋天共同受佛之付囑，護持世界，不論是顯教或密教行者，皆尊崇此天。

相傳佛陀菩提樹下剛成道時，心想：「現今我所體悟的法義甚深，難以了解，也很難讓人覺知，如果我向別人說這種深法，但大家卻不相信、不接受，也不去實踐，那麼只有浪費時間而已。還是算了吧！何必徒勞呢？」

這時，大梵天王在天上，遙知佛陀心中所念，就從天上來到佛陀的面前，頭面禮足，祈請佛陀無論如何還是在人間說法。直到佛陀應允後，大梵天王歡喜踴躍不能自已，禮敬佛陀之後才回到天上。

此外，當佛陀上昇忉利天宮為佛母摩耶夫人說法，圓滿後要返回人間時，大梵天王，與帝釋天一同隨侍在佛側，恭送佛陀回到人間。

在密教中將梵天列為十二天之一，或列屬千手觀音的二十八部眾之一。在金胎兩部曼荼羅中，皆位列於金剛部中。其中，在現圖胎藏曼荼羅中，梵天位列外金剛部院東門的南方，身呈白肉色，有四面四臂，右一手作施無畏印，另一手持杵，左一手把蓮華，另一手持瓶，額上有眼，坐赤蓮華上。然此形象和《大日經疏》卷五所載有異。而在金剛界曼荼羅中，則身呈白肉色，左手作拳安腰，右手當腰持蓮華。

關於大梵天王的圖像，有各種不同的造形。比較常見的是四面四臂形，各面又有三目，右邊二手臂，各持蓮華與數珠，左邊二手臂，則一手執軍持、一手作唵字印。此外，也傳有一面雙臂、手持蓮華、遍身放光之說；也有三面二臂、騎鵝的圖像。各地所傳的尊形，各有不同。

為什麼說：「天衣無縫」？

這是指天人所穿著的衣服，沒有人工縫合的痕跡，自然一體成形。「天衣」是指天人所穿著的衣服，其重量極輕，且其重量又隨著天界的往上遞昇而遞減。

同樣是天衣，但是由於天界的層級不同，也有優劣之別。例如，在《大智度論》卷三十四中就說：色界天的天衣沒有重量，是純金色的，光明無量。而欲界天的天衣則是從樹邊所出生，沒有線縷紡織的痕跡，就像薄冰一樣光曜明淨，有種種顏色。

後人常以「天衣無縫」來比喻計劃的周詳縝密，毫無破綻。

真　言：南麼　三曼多勃馱喃　鉢羅闍　鉢多曳　娑縛訶

namaḥ samanta-buddhānāṁ prajā pataye svāhā

歸命　普遍諸佛　一切生　主　成就

金剛力士—那羅延天

那羅延天（梵名Nārāyaṇa），原來是印度古代具有大力的天神，又稱為「堅固力士」、「那羅延金剛」及「金剛力士」。

在印度古代吠陀論師認為，那羅延天是梵天之母，而一切人皆從梵天所生。也有說那羅延天即是大梵天王，一切人皆由梵王所生。專門禮拜大自在天的摩醯首論師，則認為那羅延為大自在天一體三分之一（梵天、那羅延、摩醯首羅）之一。

有的經論中則說此天就是毗紐天，如果有希望求得大力者，能精誠祈禱，一心承事供養，就能獲得如那羅延天一般的神力。

關於那羅延天的形像，在《慧琳音義》卷四十一中說：此天的力量巨大，身體呈綠金色，共有八臂，以金翅鳥王為座騎，手持鬥輪及種種器仗，因為他經常與阿修羅王戰爭。

在密教中，那羅延天位於胎藏界曼荼羅外金剛部院西方，身體呈青黑色，左

金剛力士一那羅延天

拳叉腰，右手上屈，食指豎舒承輪臍，乘著迦樓羅鳥，首有三面，正面是菩薩形，有三目；右面是白象；左面作黑豬，身著寶冠瓔珞。

其尊形各處皆有記載，但尊形略有不同。

由於那羅延天具有大神力，因此經典中常以「那羅延身」、「那羅延力」來比喻佛菩薩的堅固誓願及廣大神力，例如在《無量壽經》中，阿彌陀如來四十八願中的第二十六願：「設我得佛，國中菩薩不得金剛那羅延身者，不取正覺。」即是那羅延身願。

由於那羅延天具有大力，後世乃將之與密跡金剛與其共稱為「二王尊」，並以之為寺院伽藍的守護神。

真 言：南麼 三曼多勃馱喃 微瑟儜吠 娑訶

namaḥ samanta-buddhānāṁ visnave svāhā

自在施予幸運寶藏——吉祥天女

吉祥天（梵名Śrī-mahā-devī），為佛教著名的護法女神，主施福德。

此天的異名甚多，在《大吉祥天女十二名號經》列出有吉慶、吉祥蓮花、大吉祥等十二種名稱；在《大吉祥天女十二契一百八名無垢大乘經》則列舉了一〇八種名種。此外她也被稱為「寶藏天女」，也有人說她與「功德天」是同一尊。

相傳吉祥天女是毗沙門天王的妻子，她的父親是德叉迦，母親是鬼子母神訶帝利。在婆羅門教則認為她是毗紐天的王妃。在密教中，則認為此天女為胎藏界及金剛界大日如來所變之毗沙門天王的妃子；於阿闍梨所傳的曼荼羅中，位列於北方毗沙門天之側。

根據《金光明經》〈功德天品〉所記載，吉祥天女在過去世的寶華功德海琉璃金山寶照明如來時，已種下諸多善根。所以，她現在能夠隨著心之所念、所注視，乃至所到之處，使無量百千眾生受諸快樂，乃至所需資生之具及種種珍寶等悉令充足。如果行者能夠持誦《金光明經》，供養諸佛，用香花、好香、美味來

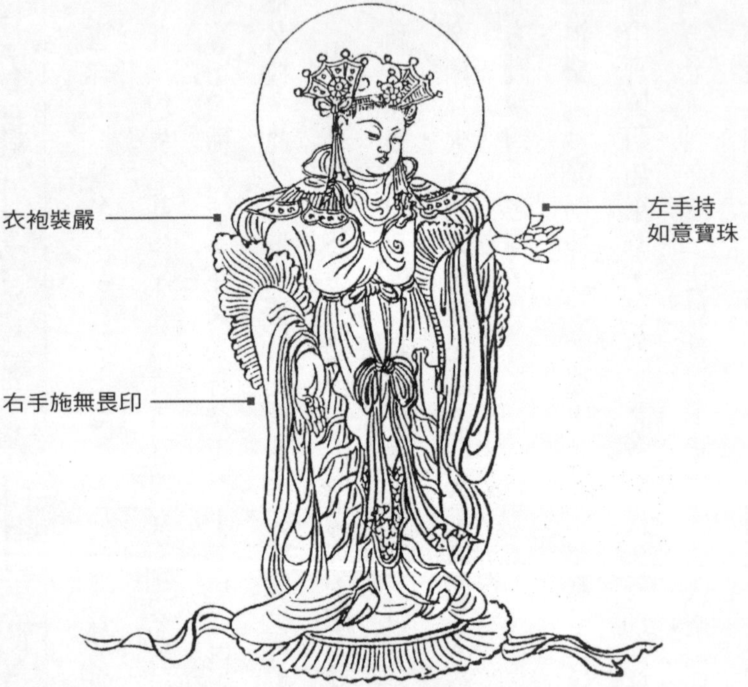

自在施予幸運寶藏—吉祥天女

供養吉祥天，並且持念她的名號，如法供養之後，則能獲得充足的資財及種種寶物。

吉祥天女住在那裏呢？《金光明經》中說，毗沙門天王有一個「阿尼曼陀」城，城裏有一個廣大的林園叫「功德華光」園。這個林園裏有一個最美麗的花園「金幢七寶極妙」園，吉祥天女平常就住在這兒。

以吉祥天女為本尊，祈求福德的修法，稱為「吉祥天女法」或「吉祥悔過法」。在《金光明經》中說；如果有人希望財寶增長，應當在自己所住的地方，先掃灑清淨，沐浴其身，穿著鮮白的衣服，以妙香塗身，接著修法。一開始時先為吉祥天女至心三稱寶華琉璃世尊名號，禮拜供養，燒香散華，再來三稱金光明經，至誠發願，別以香華種種美味，供養天女，散灑諸方，如經中所說修持。

此時吉祥天女就會入於此人家中安住，使行者一切所需無所匱乏；無論是金錢、若珍寶，或是牛羊牲畜、若穀米糧食，一切所需都能具足，安穩快樂。

關於吉祥天女的尊形，各種說法不一。依據《諸天傳》所說，吉祥天女的身形端正，有赤、白二臂，左手持如意珠，右手作施無畏印，安坐於寶臺上。左邊為大梵天王，手持寶鏡；右邊為帝釋天，散花供養。天女背後有七寶山，天像上有五色雲，雲上又有六牙白象，象鼻持著瑪瑙瓶，從瓶內出生種種寶物，灌吉祥天頂上。背後有百寶花林，頭上有千葉寶蓋，於諸天蓋上作伎樂，散花供養。

《寶藏天女陀羅尼法》則記載：吉祥天女身高約二尺五寸，頭上戴著花冠，花冠上所用的花非常美麗殊妙；她身穿紫袍、金帶、烏靴，右手持蓮花，左手拿著如意寶珠。而《陀羅尼經》則說其左手持如意珠，右手作施咒無畏印，坐於宣臺之上。

真　言：南謨室唎莫訶天女　怛姪他　鉢唎脯啤折囉　三曼頞　達喇設泥莫訶毗囉揭諦　三曼哆毗曇末泥　莫訶迦哩也　鉢喇底瑟侘鉢泥　薩婆頞　他娑彈泥　蘇鉢喇底晡囉　痾耶娜達摩多莫訶毗俱比諦　莫訶迷咄嚕　鄔波僧呬羝　莫訶頡唎使　蘇僧近哩呬羝　三曼多頞他阿奴波喇泥　莎訶

主掌學問與辯才的女神——辯才天

辯才天（梵名Sarasvatī、Sarasvatī-devī），又稱為「大辯才天」、「妙音天」，她是主掌學問辯才、音樂與福德的女神。相傳梵語及天城體字母就是她所創造的。

辯才天原來是印度人所信仰的河神，後來漸漸成為佛教的護法神。

有關辯才天護持佛法的事蹟，在《金光明最勝王經》卷七〈大辯才天女品〉裏，可略窺一二。依此經所記載，凡是宣講《金光明經》者，都能得到她的護持而智慧增長，具足言說辯才。如果有忘失經文句義者，也能得到她的幫助而憶持開悟。一般眾生如果聽到此經，也會受到她的加持，得到不可思議的捷利辯才，與無盡的大智慧，甚至於善解眾論及技術；能出離生死，速趣無上正等菩提。而在現世中也能增益壽命，各種物資財富都能充足無虞。

除此之外，供養大辯才天還可以使人成為大聲樂家，或大雄辯家。日本密教對此尊頗為崇拜，也有不少異於印度佛典的說法，譬如「辯才天十五童子」，與

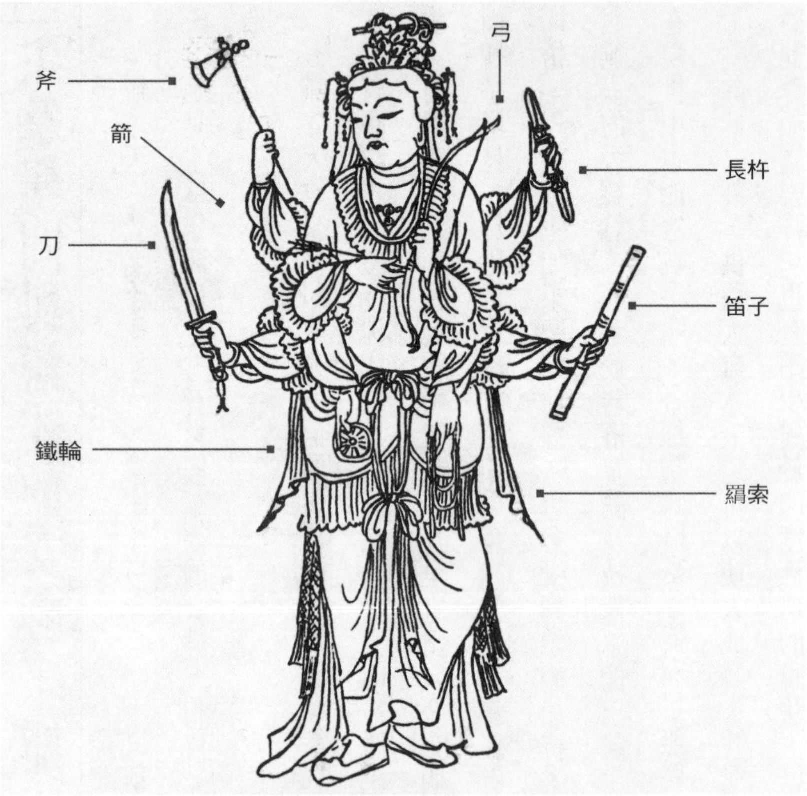

主掌問與辯才的女神—辯才天

「日本本邦五辯才天」之說，都是日本所特有的傳說。

在《金光明經》中還記載著大辯才天咒藥洗浴，去除一切災變、疫病的方法，而且能免除種種鬥諍戰陣，惡夢、鬼神、蠱毒厭魅咒術等障難。並能解脫貧窮，具足財寶，獲日月星辰等諸神的擁護而長壽，吉祥安隱福德增長。

大辯才天的尊形如何呢？在現今印度教所崇奉的造像中，一般多作四臂形，右第一手持花、次手執梵夾，左第一手持大自在天的華鬘，次手持鼓；乘騎雁鳥。

在密教胎藏曼荼羅中，此天則位外金剛部院，兩手抱琵琶作彈奏狀。而依《金光明經》所記載，此天女常以八臂自莊嚴，各持弓、箭、刀、斧及長杵、鐵輪、羂索。

真　言：南麼　三曼多勃馱喃　薩囉薩伐底曳　莎賀（《大日經》〈真言藏品〉）

namaḥ　samanta-buddhānāṃ　sarasvatiye　svāhā

歸命　普遍諸佛　辯才　成就

戰神與福德神——大黑天

大黑天（梵名Mahakāla），密教守護神之一，音譯為「嘛哈嘎拉」。

印度教認為此神為濕婆神（Śiva）的別名，或是濕婆神王后的化身或侍者，主破壞、戰鬥；佛教則視之為大自在天的化身，或是毗盧遮那佛的化身等，諸說不同。

例如，在《大日經疏》卷十中說：「毗盧遮那以降伏三世法門，欲除彼故化作大黑神。」而在《仁王護國般若波羅蜜多經》卷下〈護國品〉中則說此天神為摩醯首羅（大自在天）的化身，也就是塚間神、戰鬥神，與諸鬼神無量眷屬，常在夜間遊行林中，食生人血肉，有大力，所作勇猛，於戰鬥等法皆能得勝，所以大黑天神即戰鬥神。

在《大方等大集經》〈分布閻浮提品〉中則記載，大黑天女與善髮乾闥婆等俱護持養育波羅奈國。

此外，大黑天又被視為財福神，主司飲食。依《南海寄歸內法傳》卷一〈受

戰神與福德神—大黑天

齋軌則〉所記載：「又復西方諸大寺處，咸於食廚柱側，或在大庫門前，彫木表形，（中略）黑色為形，號曰莫訶哥羅，即大黑神也。古代相承云：是大天之部屬，敬愛三寶，護持五眾，使無損耗，求者稱情。但至食時，廚家每薦香火，所有飲食隨列於前。（中略）淮北雖復先無，江南多有置處，求者效驗，神道非虛。」

這種將大黑天作為廚神供養的風氣，日本受到這個影響，也盛行於庫廚安置二臂大黑天像。後來更以之為七福神之一，認為其乃授與世間富貴官位之福神。東密相傳，此尊係大日如來為降伏惡魔所示現的忿怒藥叉形天神，藏密則傳為觀世音菩薩所顯化的大護法，是東密及藏密都相當重視的修法本尊。

大黑天統領無量鬼神眷屬，且長於隱形飛行之藥術，因此能在戰爭時，加護誠心祈求的眾生。更能使食物經常豐足，因此印度寺院與我國江南民間，常可見於廚房祀奉大黑天。而墳場中也常祀奉此尊。又相傳此神及其眷屬七母女天，能予貧困者以大福德。因此大黑天兼具有戰鬥神、灶神、塚間神與福德神四種性格，相當受到崇仰。

關於此尊尊形，在《慧琳音義》卷十中描述其為八臂，身青黑雲色，二手於懷中橫把三戟叉，右第二手捉青羯羊，左第二手捉一餓鬼頭髻，右第三手把劍，左第三手執揭吒罔迦（Katabhaga），即髑髏鐘，為破壞災禍的標幟，後二手各於肩上共張一白象皮如披勢，以毒蛇貫穿髑髏以為瓔珞，虎牙上出，作大忿怒形，足下有地神女天，以兩手承足。

另依《大黑天神法》所載，作青色三面六臂，最前面的左右手橫執劍，左次手提取人之髮髻，右次手執牝羊，次二手於背後張披象皮，以髑髏為瓔珞。在胎藏現圖曼荼羅中之尊形與此所載相同，除羊與人頭左右相反。

而《最勝心明王經》說，大黑天披象皮，橫把一槍，一端穿人頭，一端穿羊。《南海寄歸傳》則說是神王形，把金囊，踞於小牀而垂一腳。

整體而言，關於此尊常見的形像，通常有二種，一種現忿怒形，如現圖胎藏界曼荼羅外金剛部所載，其身現黑色，坐在圓座上，火炎髮上豎，三面六臂。右第一手執偃月刀，二執骨念珠，三執小鼓。左第一手執天靈蓋，二執三叉戟，三執金剛繩，左右方之上雙手握住一張展開的象皮。另一種則是福神的造形，作凡人貌，頭戴圓帽，背負一囊，持小槌，踏米袋。在修法時，忿怒形多用在作降魔、調伏法時；福神則主求福德之時所奉。

⊙藏密瑪哈嘎拉

大黑天在藏密中稱為「瑪哈嘎拉」，為重要的護法主尊。各派所傳形像不一，性質皆異，如：

⑴薩迦派二臂大黑天：又名刑羅主大黑天，乃由元代八思巴帝師傳入宮廷。一面二臂，頭戴五骷髏佛冠，鬚髮紅赤上揚，身藍黑色，右手持金剛鉞刀，左手持顱器，兩手捧杖刀，刀內隱有神兵無數。主要在護持喜金剛行者。

⑵四臂大黑天：傳為勝樂金剛的化身，身青藍，持杵、劍、戟及嘎巴拉，有雙身相者。主在護持大手印行者。

⑶六臂大黑天：有黑、白等。黑色為香巴噶舉及格魯派的主護法，手持鉞刀、小鼓、人骨念珠及顱器、三叉、金剛繩。

⑷白色六臂大黑天：為財神之一，手持摩尼寶、鉞刀、小鼓及三叉、顱器等，威神甚大。

無論在東密或是藏密，大黑天都是極為重要的護法。以其為本尊的修法，大多用於祈禱為行者除魔，修行勝利成就與求福德時所修。

真　言：唵　摩訶迦羅耶　娑縛賀

oṁ　mahā-kālaya　svāhā

歸命　大黑　成就

財寶與福德之神——毘沙門天王

毘沙門天（梵名Vaiśravaṇa），為四大天王及十二天之一。由於此天王常守護道場，並精勤聽聞佛法，因此又被稱為「多聞」。有時也被視為征戰勝利之神而受到尊崇。在西藏更被當財神崇仰，被稱為「財寶天王」，在日本則為七福神之一。

在中國，毘沙門天王的造像通常都是神王形，披著甲冑、著戴冠相，右手持寶棒，左手仰擎寶塔，腳踏二鬼，所以民間稱其為「托塔天王」，黃財神及哪吒太子則是他的兒子。在印度、西域、中國與日本，毘沙門天王都很受到尊崇。

毘沙門天王是閻浮提世界北方的守護神，是護持佛教的大護法。而在《大集經》〈月藏分毘沙門天王品〉中，佛陀咐囑毘沙門天王守護北方世界的眾生：「妙丈夫！此四天下閻浮提界北方第四分，汝庇護持。何以故？此閻浮提諸佛興處，是故汝庇最上護持，過去諸佛已曾教汝護持養育，未來諸佛亦復如是；并及汝子、大臣、眷屬、夜叉、毘舍遮，皆令護持。」

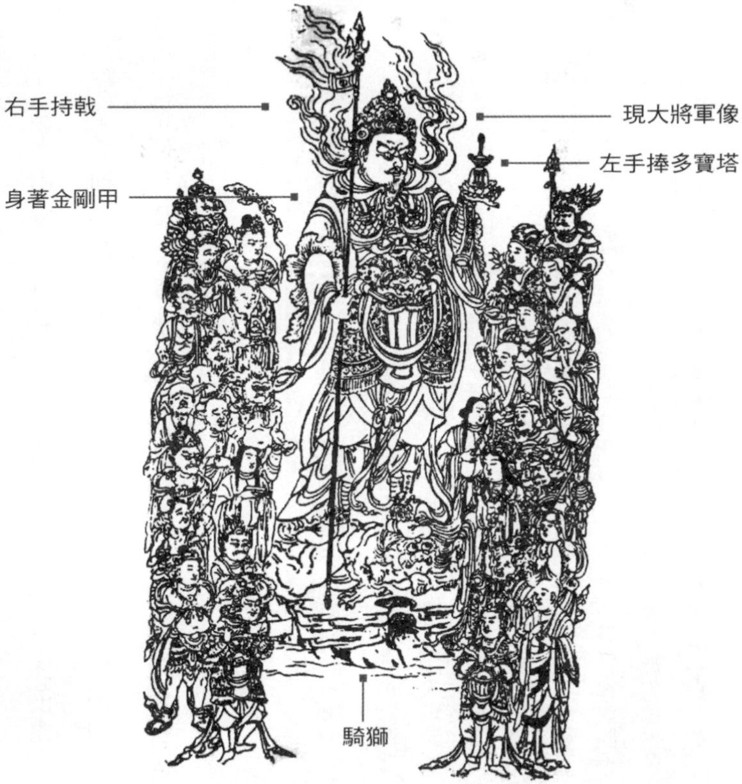

財寶與福德之神—毘沙門天王

另於《金光明經》卷二中，以毗沙門天王為首的四大天王，也在佛前發願護持眾生：「……世尊！我其四王，二十八部諸神共，及無量百千鬼神，以淨天眼，過於人眼，常觀擁護此閻浮提，世尊！是故我其名護世王。」而在《法華經》〈陀羅尼品〉中，他們也在佛前自說陀羅尼，以神咒擁護說《法華經》的法師，及持誦《法華經》者。

在經典中常可見其守護經典及護持修行人的事蹟。如：《增一阿含經》卷二十六中記載，毗沙門天王幫助一位極其貧困的雞頭梵志，準備種種食具供養佛陀及諸聖眾，乃至修得阿羅漢果。

毗沙門天王的國度

毗沙門天王住在須彌山第四層，「由犍陀羅」山的北方，他擁有「可畏」、「天敬」、「眾歸」等三座城市。這三座大城都有七重欄楯、羅網、行樹等裝飾，由七寶所形成，莊嚴清淨；眾鳥和鳴，景色殊勝，幾乎可比美佛國世界。

毗沙門天王國土內的眾生如何生活呢？在《經律異相》卷一中說：這裏的天人壽命約五百歲，他們的一天一夜大約等於人間五十年。在此處也有著像人間男娶女嫁的婚姻制度。但此處小孩出生的方式和人間不太一樣，他們是從父母親的膝上自然化現，剛出生就像人間兩歲孩童一樣大。他們吃飯時以七寶妙器盛著百味美食。如果福德大的天人，器皿中的飯則呈白色，如果福德中等的，飯則呈青色，福德較小者，飯則呈紅色。

毗沙門天王常被視為財神或福神，尤其是西藏密教中，更尊其為財寶天王。在日本，毗沙門天王早期被視為戰神，直至晚近則演變為七福神之一。

在《宋高僧傳》卷一中，記載著毗沙門天王的靈驗事跡：唐玄宗天寶元年（公元七四二年），西蕃、康居等國有常干擾唐朝的邊境。當時，唐玄宗請不空三藏到宮修法，祈求毗沙門天護持。不空法師就在道場中對著香爐誦持仁王密咒，祈請毘沙門天王的護佑。

這時，突然有五百名神兵降落在殿庭中，唐玄宗大為驚訝，不空法師說：「這是毘沙門天王的兒子率領將兵拯救西安，請聖上速備飲食供養。」

而在當時的四月二十日時，果然就有回報說：「二月十一日，在城的東北方約三十里處，於雲霧間看見神兵，鼓角諠鳴，山地崩震，終於使蕃部的士兵驚潰逃散。此外，在各敵營中都見到金鼠到處咬斷弓箭的絃，而且器械損毀盡斷不堪使用。在城的北門樓則有毘沙門天王怒視著，蕃部的將帥士兵嚇得四處奔跑流竄。」

唐玄宗閱覽了奏章，銘謝不空法師後，就勅令在每個城樓上供置毘沙門天王的法像供養。

毗沙門天王有：最勝、獨健、那吒、常見、禪祇等五位太子，此外還有二十八部使者。他的身邊則有那闍婁、檀陀羅、醯摩拔陀、提偈羅及修逸路摩等五大鬼神，經常隨侍在側。

相傳在每個月初八，毗沙門天王等四大天王會派遣使者到人間視察，看人間是否孝順父母、敬奉修行者，是否常行齋戒及布施？使者奉命視察之後，回來向天王報告，如果知道人間行善的人多，就很歡喜，如果是惡事多，就默然不悅。

而在每月十四日，四大天王則派遣太子到人間巡視，十五日，則是四大天王親自到人間視察，然後到天上的善法殿，向帝釋天稟報。由於天神是行善的福德所致，因此如果人間行善的人多，則表示天界的勢力增長，天神自然歡喜；如果行惡者多，就表示修羅或惡道勢力增長，天界勢力減弱，天神自然不樂見。

毗沙門天王頂上神奇的寶冠

毗沙門天王頂上有一個神奇的寶冠，上面鑲有一隻有紅色的鳥，有說是金翅鳥，也有說是鳳凰。傳說在于闐國中有一座古堂中，安置了一尊頭戴鳳凰的毘沙門天王像。有一天，一個小偷潛入想要竊取堂內的寶物，這時毘沙門天王頭冠上的鳳凰忽然拍動羽翅大叫起來，把盜賊嚇了一大跳，結果什麼寶物都來不及取就落荒而逃。

⊙毗沙門天王的形象

一般毘沙門天王的形像，大致可分為坐姿與站姿兩種，坐姿的毘沙門天王或是貴人形、天王形、武士形，其頭頂戴著寶冠，身穿著甲冑，右手置於腰際拿著寶杖，左手則托著寶塔。

立姿的毘沙門或示現大將軍的形像，身穿著金剛甲冑，左手捧著多寶塔，右手持戟或劍，腳踏著二夜叉或三夜叉，眼睛瞪大怒視，示現忿怒像來降服眾魔。

在西藏佛教中，毘沙門天王的形像與中國的形像差別不大，而毘沙門天王的顏色在漢地是綠色，在西藏佛教中則是黃色或金色。他右手持寶幢或傘，左手拿列烏里（吐寶獸），而漢地有時則是手拿銀鼠。

在西藏，毘沙門天王的身形大都是碩壯肥胖為多，這是將財富形像化，以此身形來突顯其財神的特性，以碩壯的身材來表徵，其具有賜予眾生財寶的威勢。

毗沙門天王手中為什麼拿塔和寶棒？

毘沙門天王左手捧著寶塔，是代表著其護持佛法；右手持寶棒則是代表守護世間。有的說法認為塔是象徵著南天鐵塔，認為塔內納有一切教法守護的意義，所以左手捧著塔。也有說寶塔含納著如意寶珠，象徵三世諸佛舍利。

在《隨軍護法軌》中記載，毘沙門天王面作甚可畏形，惡眼看視一切鬼勢，手持的多寶塔奉納著釋迦牟尼佛教法。

毗沙門天王悲願廣大，威勢具足，除了賜予行者財富和福德，隨軍守護之外，他真正的誓願是守護眾生在世間遠離一切災難，生活利益安樂，乃至獲得無上菩提的廣大智慧，可以說是世間乃至出世間的大護法神。

真　言：

毘沙門天王真言

嗡　百夏哇那也　娑訶

oṁ　Vaiśravaṇaya　svāhā

心真言

曩莫　三滿多沒馱喃　吠室囉縛拏野　莎賀

namaḥ　samanta-buddhānāṁ Vaiśravaṇaya　svāhā

皈命　普遍諸佛　毘沙門天王　成就

守護世間吉祥──四大天王

四大天王（梵名catuāsraḥ mahā-rājikāḥ），在佛法中佔有極重要的地位，是欲界之中，極力護持佛法的四位天王。

四大天王分別是指東方的持國天王、南方的增長天王、西方的廣目天王及北方的多聞（毗沙門）天王。四大天王又稱為「四天王」、「護世四天王」及「護世天」等。他們所居住的天界稱為「四天王天」，他們帶領著眷屬天眾居於此處，誓願守護這個世界無有災難，眾生安居樂業，福德財寶增長，入於正法，是與人間關係極為密切的護法。

⊙東方持國天

四大天王的東方天王為持國天（梵Dhta-rra），居處在須彌山之黃金埵，為東方的守護神，也稱為東方天。梵名為「提頭賴吒」，由於其護持國土、保護眾生，所以又名為「持國天」。

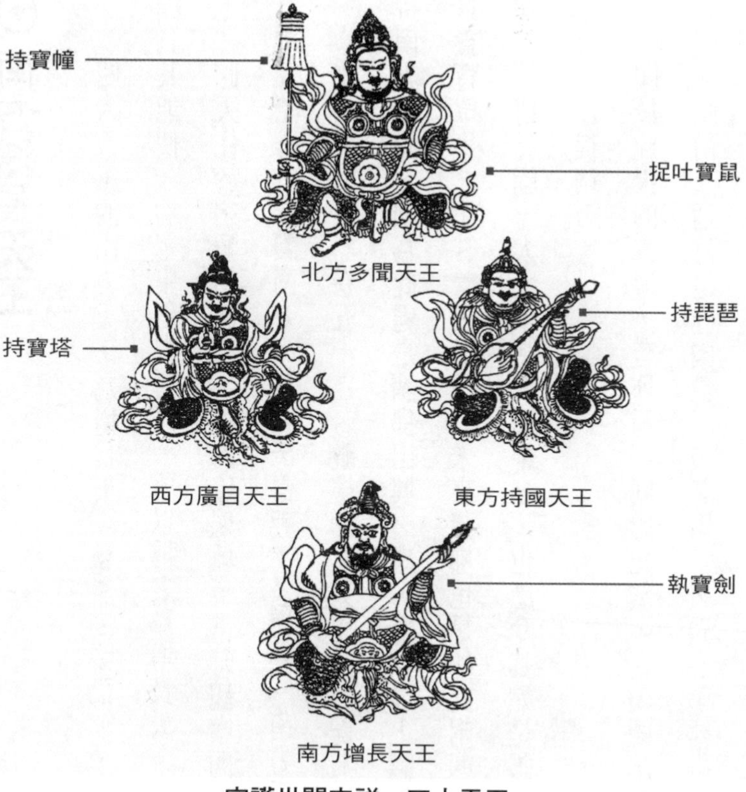

守護世間吉祥一四大天王

依據《陀羅尼集經》的描繪，持國天的形像是：身著天衣，嚴飾精妙，與身相稱。左手臂垂下握刀，右手臂屈而前向仰掌，掌中有寶物放光。《藥師琉璃光王七佛本願功德經》念誦儀軌供養法記載：東方持國大天王，其身白色，持琵琶，守護八佛的東方門。而一般多為赤色忿怒形。

⊙南方增長天王

四大天王的南方天王為增長天（梵Viruhaka），梵音又譯作「毗留多天」，因為其能使一切眾生善根增長，所以稱之為增長天。

此天住於須彌山南面半腹的琉璃埵，常時觀察閻浮提眾生，率領鳩槃荼及薜荔神等諸神，守護南方，為護法善神，又稱為「南方天」。

在《大集經》卷五十二〈毗樓勒叉天王品〉記載，佛陀曾經咐囑增長天王護持南方世界，因為此處是諸佛出興之處，應該最上護持。過去諸佛也曾經教其護持養育眾生，使其善根增長，未來諸佛也是如此咐囑。除了增長天王之外，其子女、一切眷屬、大臣軍將夜叉羅剎，也應令其如是護持，對佛法得生敬信，共同守護閻浮提南方。

關於此天的尊形，有種種不同的記載，在現圖胎藏界曼荼羅中，此尊位於外金剛部院南。通身是赤肉色，被著甲冑，肩上著緋端，瞋目怒視，左手作拳安腰，右手把劍於胸前。其左側有使者，呈黑肉色，大忿怒形，手執劍。而《陀羅尼

四大天王的居處一須彌山

集經》卷十一所說，則身著種種天衣，妝飾精妙，左手伸臂，垂下把刀，右手執銷，銷根著地。表折伏邪惡，增長善根之意。

另於《藥師琉璃光王七佛本願功德經念誦儀軌供養法》中，則說南方增長天王身青色，執寶劍，守護八佛之南方門。

⊙北方毗沙門天

四大天王的北方天王為毗沙門天王（梵名Vairavaa），居住在須彌山第四層北面，率領夜叉、羅叉等二神眾，守護閻浮提北方及其餘三門。由於時常守護道場、聽聞佛法，故稱多聞，又被稱作「多聞天」，有時也被視為戰勝之神而受到尊崇。又因能賜予福德，所以也是七福神之一。

毗沙門天王的造像，通常都是神王形，披著甲冑、著戴冠相，右手持寶棒，左手仰擎寶塔，腳踏二鬼。所以民間稱其為「托塔天王」。

⊙西方廣目天

四大天王的西方天王為廣目天（梵名Virpka），又名為西方天。此天王率領無量天龍及富單那、毗舍闍諸神等眷屬，承擔守護佛法的任務。廣目天王亦為諸龍之主，根據《佛母大孔雀明王經》卷上所說：「此西方有大天王，名曰廣目，是大龍王，以無量百千諸龍而為眷屬，守護西方。」

在《大集經》中也說，佛陀曾付囑廣目天王護持閻浮提洲的西方世界，囑彼率領其子及師子、師子髮等八位諸龍軍將、西方十六天神、三曜七宿、諸天龍鬼……等眷屬，共同負起護法重任。

相傳，廣目天是大自在天的化身，由於前額有一目，因此稱為廣目天。不過後世流布的尊形，大都未見該目。其尊形通常作赤色，現忿怒形。甲冑上著天衣，右臂持三股戟，左拳置胯上，面向左方，交腳而坐。又依《陀羅尼集經》卷十一所描述，其身著種種天衣，嚴飾極令精妙，與身相稱，左手伸臂執銷，右手持赤索。在中國，廣目天王也有多種不同造型。

以上這四位天王帶領眷屬守護世間，是佛教的大護法。

四天王與天眾的壽命為五百歲，他們的一天一夜相當於人間五十年，如此換算，他們的平均壽命，大約是人間的九百多萬歲。此天的天人剛出生的時候，就像人間五歲幼童那麼大，色相圓滿，而且穿著天衣。在欲界六天之中，以四大天王所統領的境域最為寬廣。

依據《四天王經》所記載，四天王都從屬於帝釋天王，在每月的六齋日，檢視人間的善惡行業，並勸勉眾生守戒行善，是正法的護持者。在《金光明經》中，四大天王則於佛前說：「……世尊！我其四王、二十八部諸神共，及無量百千鬼神，以淨天眼，過於人眼，常觀擁護此閻浮提，世尊！是故我其名護世王。」

四大天王是與人間關係極為密切的佛教護法，他們用心守護佛法，並護持一切修行人，因此自古以來對四大天王的信仰極為興盛，在寺院中經常可見這四大護法。

真　言：

四大天王通咒

唵　漸婆羅　謝輦陀羅夜　莎訶（出自《白寶口抄》）

自在隱形的女神──摩利支天

摩利支天（梵名Marīci），意譯有「積光」、「威光」、「陽燄」等名。是一位能夠隱形而為眾生除滅障難、施予利益的女神。雖然屬於天部，但有時也被稱為摩利支天菩薩或大摩里支菩薩。摩利支天曾發起大悲誓願，常於苦難恐怖之處，守護一切有情，於一切諸難中隱身，一切天魔外道，無法知其行蹤，並得增長一切吉祥之事。

在《佛說摩利支天經》中，佛陀曾告訴諸比丘：「我為當來惡世苦難恐怖有情，略說摩利支天法。此菩薩有大悲願，常於苦難恐怖之處，護諸有情，不令天龍、鬼神、人及非人、怨家、惡獸所能為害。汝當受持廣宣流布饒益。」並說，「摩里支菩薩以慈悲力，為彼眾生，於道路中擁護、非道路中擁護、眾人中擁護、水難時擁護、火難時擁護，乃至一切之處，悉皆擁護，令得增長一切吉祥之事。」

在密法中說，修習摩利支天法，如果得到成就，不但能消災除厄，最特別的

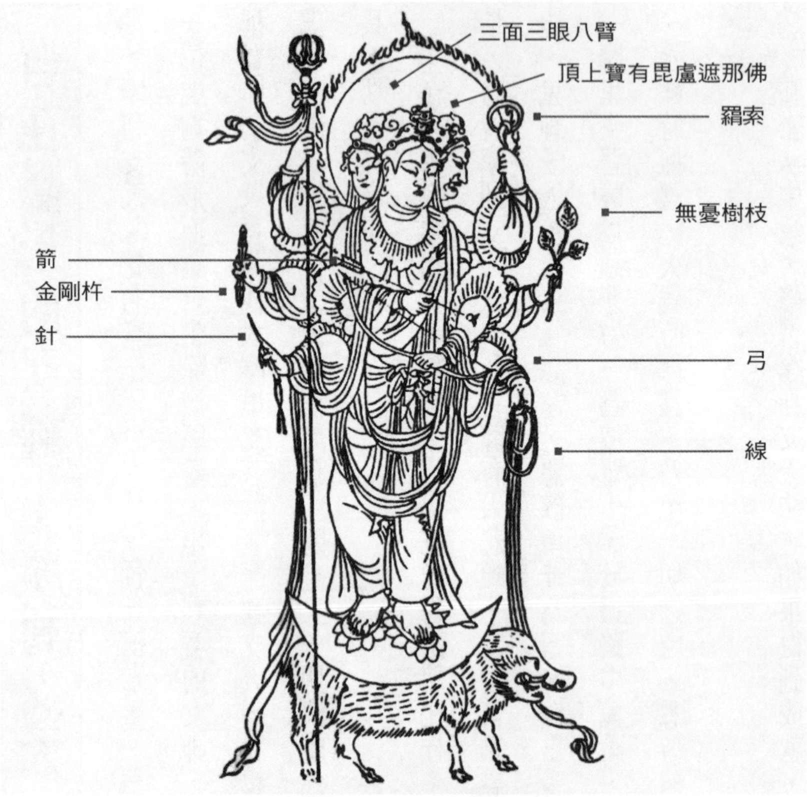

自在隱形的女神—摩利支天

是能夠隱身。依《佛說大摩里支菩薩經》所記載，此尊「能令有情在道路中隱身、眾人中隱身。水、火、盜賊一切諸難皆能隱身。」如能虔誠依法修持，則一切天魔惡鬼外道，都無法覓得修法者的行蹤。

在《佛說摩利支天菩薩陀羅尼經》中描述，摩利支天有大神通自在之法，常在日天（太陽神）前行走，日天不能見她，而她能見到日天。由於她能隱形，所以她的形蹤無人能知。對於她，無人能捉，無人能害，無人能加欺誑、束縛。修持此法之人，也能得到如此的能力。因此凡修習摩利支天法或誦習《摩利支天經》的人，也往往能得到其不可思議能力的加護，其人即不為冤家所害。

相傳宋隆太后孟氏，即將去國向南，因此求護身法於密教道場中的大德。有密教大德就教她供養摩利支天母。後來，她平安抵達南方，由於感念天母的冥護之德，就以天母像奉安於西湖中天竺寺，並刻石以紀念其事。

摩利支菩薩有種種消災解厄之法，如經典中所記載：凡依法誦摩里支菩薩根本及心真言，不限遍數，只要虔誠至心，必定獲得菩薩威神加護，一切怨家、惡人悉不能見，一切災難皆得解脫。

在《佛祖統記》卷四十七中就記載著因持誦此菩薩名號，而逃過一死的故事：唐朝的時候，有一位州泌陽尉李玨，遇到金人入寇，就帶著一個僕人單騎而走，於夜間藏匿在路旁的空舍中時，忽然聽見路上有車聲隆隆，李玨就派遣僕人前去探察，不料車中的人一掀開布簾，卻把僕人嚇了一大跳，車中人身高有丈餘，且臉竟是藍色的。僕人嚇得大驚而回，趕緊回報李玨。李玨也感到非常奇怪，大膽的他立即決定乘馬追趕上去。

不久之後，他果然趕上藍面人的車乘，他客氣的向車中人致意：「在下李玨因為避寇到到此地，不知閣下是否也是躲避賊人而到此呢？敢問您車中載的是什麼？」

藍面人回答：「車上所載的是京西遭劫的死者名字，是由天曹所定籍的。你是李玨，也是在此數之中。」

李玨大為怖駭的問說：「不知道有什麼方法，可以免除此劫？祈請您指引明燈。」

藍面人說：「如果能每天憶念摩利支天菩薩的聖號七百遍，向虛空中迴向天曹聖賢，那麼死籍就可銷除，也可以免去兵戈之厄。」

李玨聽了非常感激，方要拜謝時，駕車者已經疾馳而去。從此他持誦摩利支天的聖號不輟，也輾轉教人持誦，都得以免除災難。

除了守護眾生免除世間的險難之外，摩利支天也能幫助我們獲得菩薩的大智慧。經中也記載：「諸持誦阿闍梨，若依摩里支成就法行，精進修習，勇猛不退，無缺犯，如是眾生，令得菩薩清淨大智」。

如何修持摩利支天法呢？經中有記載造像供養的方法：「若欲供養摩利支菩薩者，應用金、或銀、或赤銅、或白檀香木、或紫檀木等，刻作摩利支菩薩像，如天女形，可長半寸，或一寸二寸已下，於蓮花上或立或坐。頭冠瓔珞種種莊嚴極令端正，左手把天扇，其扇如維摩詰前天女扇，右手垂下揚掌向外，展五指作與願勢，有二天女各執白拂侍立左右。作此像成，戴於頂上或戴臂上或置衣中，以菩薩威神之力不逢災難，於怨家處決定得勝，鬼神惡人無得便。」

還有畫像供養的方法：「若欲成驗願見摩利支天真身求勝願者，誦此陀羅尼滿十萬遍，依法建立曼荼羅，畫摩利支菩薩像，安置壇中種種供養，並作護摩火壇。摩利支天女必現其身，所求勝願決定成就，除不至心。」

此外，摩利支天還有消除病苦、旱災時祈雨、水災時止雨等等息災祈福之法，若能如法虔敬修習，均有不可思議之效驗。

⊙摩利支天的形像

摩利支天的形像，依修法的不同，也有多種不同的形像，如：《大摩里支菩薩經》卷一有說：「用好綵帛及板木等，於其上畫無憂樹，於此樹下畫摩里支菩薩，身如黃金色作童女相，挂青天衣，手持蓮華，頂戴寶塔莊嚴。如是畫已，於此幅前，誦最上心真言八千遍，所求之事決定成就。其真言曰：唵摩里支娑賀。今此真言，亦能消除一切病苦。」

又說，「令彼行人先作觀想，想彼摩里支菩薩坐金色豬身之上身，著白衣，頂戴寶塔，左手執無憂樹花枝，復有群豬圍繞，作此觀已，若遠出道路，如有賊等大難，以手執自身衣角，念心真言七遍加持衣角，復結彼衣角，冤賊等難，不能侵害。」

又說，「復有成就之法，先令行人入三摩地，想月輪之上有一梭字。復更思惟一切法中都無有我，次觀自身遍虛空中，如毗盧遮那佛相，於金剛蓮華藏師子座上結跏趺坐，身真金色，髮髻頭冠，結毗盧印，善相端嚴。憶念字時，月輪出光普遍照曜，成摩里支菩薩。復誦此真言：唵摩里支娑賀，是時，菩薩手持針線身現金色，縫彼惡者口之與眼，令不侵害。」

另於同經卷二說作息災法時，「……復觀想摩里支菩薩亦月輪中坐，身如秋月之色，面圓如月，作童女相。眼如白優鉢羅花，身著白衣種種莊嚴，善相圓滿，光焰如火，為息災故持甘露瓶，常流甘露，為熱惱眾生以甘露濟度。」作是觀已，然後如經所載，依法作護摩、誦持真言等等，則能息諸災障。

此外在卷五也有三面八臂相如：「變自身成摩里支菩薩相：身如閻浮檀金，光明如日。頂戴寶塔，著紅天衣，腕釧、耳環、寶帶、瓔珞及諸雜花種種莊嚴。八臂、三面、三眼、光明照曜。脣如曼度迦花，於頂上寶塔中，有毗盧遮那佛，戴無憂樹花鬘。左手執羂索、弓、無憂樹枝及線；右手執金剛杵、針、鉤、箭。正面，善相微笑，深黃色、開目，脣如朱色，勇猛自在。左面，作豬相，醜惡忿怒，口出利牙，貌如大青寶色，光明等十二日，顰眉吐舌，見者驚怖。右面，作深紅色，如蓮華寶有大光明……。」

另外尚有現忿怒像，或有三面，每面有三目，有六隻手臂或八隻手臂，騎乘於野豬上，或坐於七野豬拖車之上；左方的各手分別執無憂樹、羂索及弓弦；右手各手分執金剛杵、針、箭與金剛斧。此外還有多種其他形像。

真言：

唵　摩利制曳　娑訶

oṁ　mariceye　svāhā

歸命　摩利支　成就

安持萬物的大地之母—地天

地天（梵名Pṛthivī），乃主掌大地之天神，為色界之天神，又稱地神、堅牢地神等。地天能安持萬物，鎮護國土，使一切吉祥安穩，得無盡大福德，是威力廣大守護神。

地神原來是古代印度所崇仰的神祇，在古印度的聖典《梨俱吠陀》和《阿闥婆吠陀》之中，都讚歎地神是具備偉大、堅固、不滅等特性，並能養育群生、繁衍土地等美德的女神。

在佛教中，此尊被視為菩薩或護法神，在經典中常可見其尊名及功德勢力。如《金光明最勝王經》卷八〈堅牢地神品〉，其中「堅牢地神」即是指地神，取其堅固之特德。經中詳述此神護持《金光明經》行者，如果有說法者廣大演說此經時，他會常作宿衛，守護行者，並隱身於法座之下，頂戴其足。

而在《地藏本願經》卷下〈地神護法品〉中，佛陀也稱贊堅牢地神，他的大威神力是諸神中少有的。閻浮提世界的土地皆是地神所守護，乃至草木、沙石、

安持萬物的大地之母—地天

稻麻、竹葦、穀米、寶貝從地而有，都是因為地神的力量。可見地神對世間之守護不可思議，能安持一切萬物，使一切吉祥安穩。

此外，為了祈求福德、國土豐饒或鎮護土地，也經常以地神為本尊而修法，稱為「地天供」或「土公供」。

持誦地天真言，

可以獲得種種不可思議的廣大利益。在《堅牢地天儀軌》中說：如果有眾生禮拜、恭敬、供養及念誦地天真言，地神會恒常出生地味，資潤彼人，不但使其身增益壽命，並使其土地精氣充溢，行者身中得色力、得念、得喜、得精進、得大智慧、得辯財、得三明六通，人天愛敬，得無比無盡大福德。

⊙地天的形像

地天的尊形，於密教胎藏界曼荼羅中置男女二天。男天身呈赤肉色，戴寶冠，左手捧鉢，鉢中有鮮花，右掌向外，安胸前，坐圓座上。女天則居男天左側（或後方），身白肉色或赤肉色，頭戴寶冠，左手置於股上，右手安胸前，亦交腳坐圓座上。而於金剛界曼荼羅成身會者，則是呈白色女身形，開兩臂抱持圓輪，寶冠中有半月。

真　言：南麼　三曼多勃馱喃　鉢嘌體毗曳　莎賀

　　　　namaḥ samanta-buddhānāṁ pṛthiviye svāhā

　　　　歸命　普遍諸佛　地天　成就

象頭人身的財神──大聖歡喜天

大聖歡喜天（梵名Mahārya-nandikeśvara），全名是「大聖歡喜大自在天神」，別名為「毗那夜迦」（Vighnāyaka），也就是一般所說的「象頭財神」。此天神本來是印度神話中的天神甘尼沙（梵名Gaṇeśa），後來成為佛教的護法神。

大聖歡喜天最特別的是其象頭人身的外形，為什麼他會有這個外形呢？傳說甘尼沙是濕婆神的兒子，但是出生時大自在天剛好外出，所以父子兩人並不相識。有一天他的母親烏摩妃要沐浴，就叫他守在門外。恰巧這時濕婆神回家來，甘尼沙不讓他進門，濕婆神看到一個陌生男人守在家門口，還不讓他進入，兩人於是打鬥起來，濕婆神切落了甘尼沙的頭。

烏摩妃出來一看失聲尖叫，濕婆神才知道自己殺了自己的兒子，於是他答應將接下來所看見第一隻動物的頭砍下給甘尼沙作頭，恰巧其所見的第一隻動物為象，因此甘尼沙就成為象頭人身的模樣。

此外，他也是印度文學、智慧的保護神，印度人在著述、出外旅行時，都有

象頭人身的財神—大聖歡喜天

祭祀歡喜天的習俗。

大聖歡喜天怎麼成為佛教護法神的呢？相傳這和觀世音菩薩有很深的關係。在《阿娑縛抄》卷一四九裏，引用〈毗那夜迦密傳〉的說法，記載了觀自在菩薩降伏毗那夜迦的故事：

據說有一段時期，大聖歡喜天帶領著他的眷屬，住在「毗那夜迦山」，（意思是象頭山，又稱「障礙山」）。他受父親濕婆神（大自在天）的指示，和眷屬大眾欲往人間作亂，除了吸食人類的精氣之外，也作種種擾亂障礙讓人們無法行善、修行，大梵天王和諸大龍王雖然想幫助人類，但對歡喜天也無能為力。觀世音菩薩知道了這個情形，決定用另一種方式來調伏他。

當時觀世音菩薩化身作象頭人身的美女，獨自來到大聖歡喜天的宮殿。大聖歡喜天一看到她就像觸電一般，忍不住伸出手要抱她，但是卻被拒絕了。歡喜天這才稍微自制，問她有什麼希望。這個女郎說自己從很早以前就皈依佛法，如果大聖歡喜天要和她在一起，也要能和她一樣隨學佛法，並且守護修行者，不再障礙人行善及修行。

大聖歡喜天早已被她深深的吸引，就急急回答：「你說什麼都好，從今以後我都聽你的，護持佛法！」這時象頭女才燦然微笑，與大聖歡喜天相擁。從此大聖歡喜天就成為佛教的護法。

在密教中記載，如果持誦大聖歡喜天的咒語，不論求名遷官、求世異寶、求色美等皆得滿願，而病惱、劫賊等之災難亦可解脫，又能夫婦和合、求子必得、壽命長遠、福祿自在。在日本，此神被視為能令夫妻和合，且能授予子息的神祇。

◎大聖歡喜天的尊形

關於此尊尊形，有雙身與單身二種傳圖，單身像為象頭人身，面稍向左，鼻向外轉，右方的象牙折斷。此種造形又有四臂、六臂、八臂的分別。四臂像右手執鉞斧、歡喜團，左手執棒與牙。六臂像則右手執棒、索、牙，左手執劍、歡喜團、轎。此外，也有手持金剛杵、荷葉與蘿蔔根者。

雙身像呈夫婦合抱站立狀，男天的臉靠在女天的右肩上，女天的臉靠在男天的右肩上，互相注視背部，二天手足皆柔軟端正。男天著赤色袈裟；女天頭繫華鬘，手足纏繞瓔珞。二天皆為白肉色，著赤色裙，各以兩手互抱腰上。

在金剛界成身會等，則列於外金剛部，身呈白肉色，一手執蘿蔔根，一手捧歡喜丸，坐荷葉座。

真言：

心咒

唵 儗哩 虐 娑縛賀

oṁ hrīḥ gaḥ svāhā

歸命 儗哩（觀音種子） 虐（歡喜天種子） 成就

伎藝超勝的女神──伎藝天

伎藝天，又稱「大自在天女」、「摩醯首羅頂生天女」，傳說她是從摩醯首羅天王，也就是大自在天髮際所化生之天女。

根據《摩醯首羅大自在天王神通化生伎藝天女念誦法》所記載；有一天摩醯首羅天王在大自在天上，許多美麗的天女將他前後圍繞著，大家以神通遊戲變化出種種伎樂娛樂。忽然之間，摩醯首羅天王從髮際中，化生出一位天女，她的容貌非常端正美好，而且伎藝超勝，一切天神之中沒有能超過她的。她一生下來，就在大眾說：「現在我今為了利益一切眾生，一切祈願豐饒、吉祥、富樂的事，隨著眾生心所希求，悉能滿足，於諸事業伎藝，也速能成就。」

由此經文可知，此天女對於眾生希求豐饒、吉祥、富樂的願望都能一一賜予滿足。如果有眾生向她祈求諸伎藝，也可以迅速得到成就。

在日本，伎藝天女古來大多為從事伎藝者所尊崇。其修法稱為伎藝天女法。除了祈請豐饒吉祥和才藝之外，如果是天旱或雨水過多時，向其祈請、修法，也

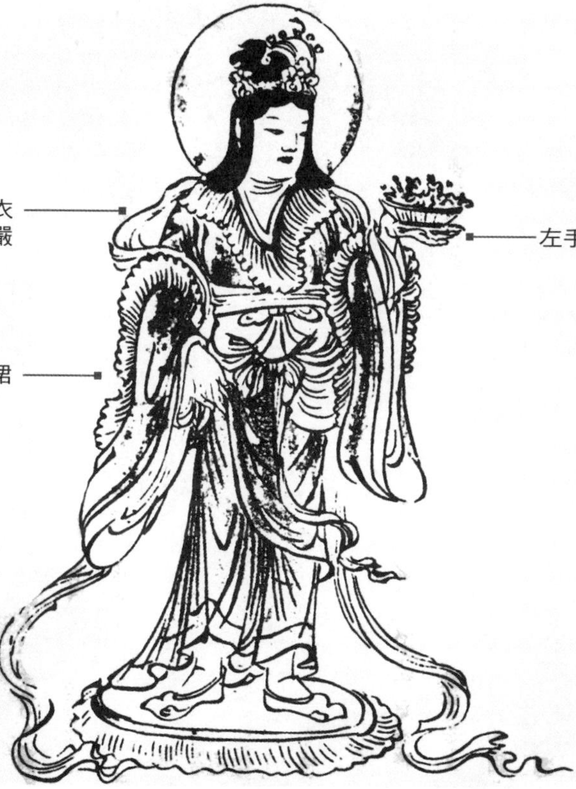

伎藝超勝的女神—伎藝天

能圓滿祈雨或止雨心願。

據經典中的描述，辯才天顏容端正、伎藝第一。形像為身著天衣，以瓔珞嚴身，兩手腕上各有鐶釧，左手向上捧天花，右手向下作捻裙狀。

真言：

曩謨摳支摩貌施佉地尾鉢羅鉢地野試迦囉者嚕啉怛儞野他濕嚩惹底

嚇吠囉摩惹哩彌吽發吒娑嚩賀

守護生產平安——訶帝利母

訶利帝母（梵名Hārītī），又稱為「鬼子母」，主要為祈求生產平安的守護神，能除一切災難恐怖，使眾生獲得安樂，滿足一切願。

訶利帝母原本是一個專門吃小孩的藥叉女。她是如何轉變成佛教護法神的呢？在《根本說一切有部毗奈耶雜事》卷三十一中記載：訶帝利母的過去世是王舍城一個牧牛人的妻子，新婚不久之後，她就懷孕了。

有一天，她拿著酪漿要去賣，途中遇到一群人正在歡樂的跳舞歡唱，原來是為了迎接即將遊行到城裏來的獨覺聖者，大家正在聚會慶祝著。

獨覺聖者是自己觀察外界變化而了悟實相者，並不是聽聞佛陀說法而開悟的。由於當時世間並沒有佛陀出世，因此人們對獨覺聖者猶如佛陀一般崇敬，正因其即將遊化到此地而聚會慶祝。這些人看到她，就熱情地招呼她一起來跳舞，雖然她有孕在身，但還是忍不不住加入一起高興的跳舞歡唱。

不一會兒，她感到腹部一陣劇痛，於是趕緊到一旁坐下來，但已經來不及了

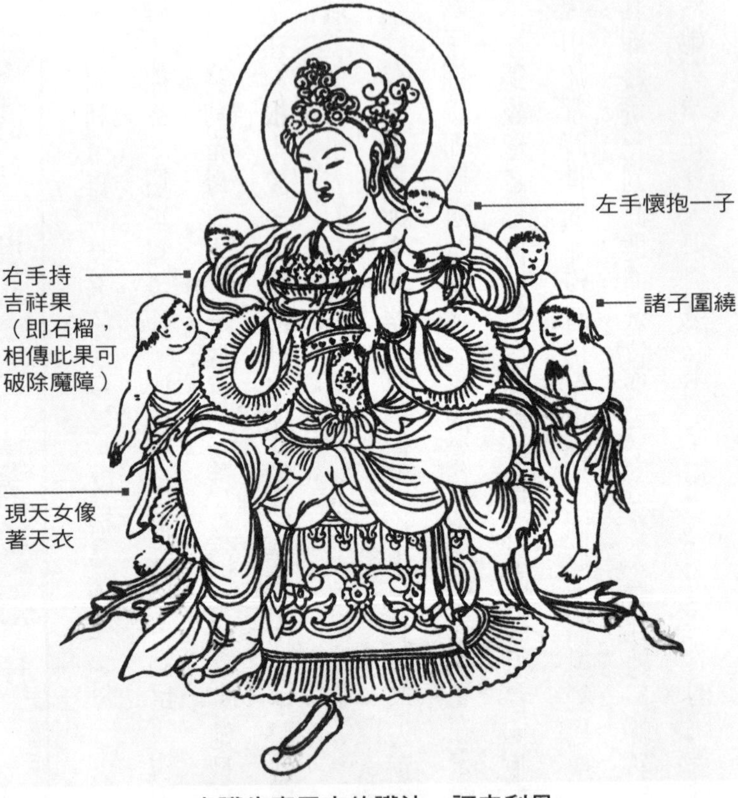

守護生產平安的護法—訶帝利母

，她看到鮮血淌到腳上，原來腹中的胎兒已經流產了。她悔恨地摑著自己的雙頰，但是一旁的人都沉浸在歡樂的氣氛裏，沒有人注意到發生了什麼事。

她勉強顫抖地站起來，以身上的酪漿換取了五百個菴沒羅果。當獨覺聖者來到此地時，她以此供養聖者；並以供養的功德，發願自己死後投生王舍城，將城裏人們所生的幼子都吃光光。

後來她的祈願果然成真，她投生為王舍城附近，變成一個藥叉女，專門吃王舍城裏的幼兒。弄得王舍城人苦惱憂惶，束手無策，不知道到底是什麼妖怪吃掉了孩子。後來經王舍城的護法神指示，大家才前去祈請佛陀救護。

佛陀知道訶帝利母有五百個孩子，其中她最疼愛最小的一個孩子。佛陀就趁訶帝利母不在家時，到她的住處去，只有她的五百個孩子在家中。佛陀用鉢將她最疼愛的小兒子覆在鉢中，又運用神力，讓鉢裏的小朋友可以看見他哥哥們，但是他的哥哥們卻看不見他。

不久之後，訶帝利母回來了，遍尋不見她的愛兒，立即驚慌地四處奔走尋覓，在城中找不著後，便搥胸悲泣，大聲號叫，幾近發狂；她甚至到地獄、層層天界痛切迷亂、悲號啼泣的尋找。直到四天王天的毗沙門天王指點，她才去請問佛陀。

悲傷迷亂的訶帝利母，披頭散髮、神情憔悴的來找佛陀，祈求世尊讓她見她的小子愛兒。

佛陀就問她：「妳有多少個孩子呢？」

「世尊，我有五百個孩子。」

「這麼多孩子，少一個也無妨吧！」

「不不！」訶帝利母痛苦的呻吟著，「不一樣，如果找不回我的愛子，我將會吐血而亡！」

「你僅僅失去五百個孩子中的一個，就如此悲痛欲狂，那些只有一個孩子，卻被妳吃掉幼兒的父母，又是會如何的痛苦呢？」佛陀反問她。

她楞了一下，回答道：「是的，他們的痛苦必然比我多好幾倍。」

訶利底母聽聞了佛陀的教誨，頓然悔悟，從此便依佛陀的教勅，不但不再危害世人，更發願守護眾生無有怖畏。佛陀更咐囑她：「於我法中，若諸伽藍，僧尼住處，汝及諸兒常於晝夜勸心擁護，勿令衰損，令得安樂，乃至我法末滅已來，於贍部洲應如是作。」

但由於藥叉本來是以人的精氣為食，為了怕訶帝利母及她的孩子們沒有食物吃，佛陀也慈悲的交代他的出家弟子們，每次在接受眾生的供養時，都要記得設食一盤，供養訶帝利母和她的孩子們，讓他們皆得飽食，永遠不受飢餓之苦。

在《南海寄歸內法傳》記載，西方諸寺，每每於門屋處或在廚房邊，設有訶帝利母的塑像或畫像，有時是抱一兒於其膝下，或五個或三個，每天都會在像前盛陳供食。相傳如果有疾病或沒有子息者，誠心供養，皆能滿願。

密教列此神於胎藏界曼荼羅之外金剛部院。以鬼子母神為本尊，所修的法為訶利帝母法，主祈求生產平安之修法。在日本，由於密教盛行，常為祈求安產而奉祀訶利帝母像，因此訶梨帝母法頗為流行。其所祀形像多為天女像。左手懷抱一子，右手持吉祥果，姿態端麗豐盈。而在《法華經》〈陀羅尼品〉中，此女神則與十羅剎女共誓守護法華行者。

依《大藥叉女歡喜母並愛子成就法》記載，歡喜母皈依佛陀後，曾於佛前說自心陀羅尼，此陀羅尼有大威力，能除一切災難恐怖，若有受持此章句者，得歡喜母及諸眷屬常為守護，令獲安樂，能滿一切心願。

真　言：唵　弩弩摩哩迦呬諦　娑賀

oṁ dundumālikāhite svāhā

歸命　弩弩摩哩迦呬諦（頸飾青鬘的鬼子母神）　成就

守護佛教的大將—韋馱天

韋馱天（梵Skanda，藏Skem-byed）韋馱天是佛教著名的守護神。有說違馱之「違」（或韋），應該是「建」之誤寫。如依其梵音Skanda，則應音譯為「私建陀」。又作塞建陀天、私建陀天、犍陀天、建陀天、素健天，或作違馱天、違陀天。《金光明經》卷三〈鬼神品〉中說：「釋提桓因及日月天，閻摩羅王、風水諸神、違馱天神及毗紐天，大辯天神及自在天、火神等神，大力勇猛，常護世間。」

學術界以為，韋馱護法原來是印度婆羅門教之一神，為濕婆或阿耆尼之子，後來皈依佛教，與摩醯首羅（大自在天）等共為佛教守護神。這與唐宋以來，中國所傳的韋琨將軍，並非同為一神。

在後世，中國佛教徒漸將印度之韋馱天與道宣夢感之韋將軍混而為一，乃形成國人所傳的韋馱菩薩。依中國佛教界所傳，此神姓韋名琨，又稱「韋天將軍」，是南方增長天王手下八將之一，也是四天王三十二將中的首將。是僧團、寺院

守護佛教的大將一韋馱天

及齋供之最著名的護法神。在佛陀即將涅槃時，韋將軍曾得到佛陀的咐囑，護持佛法。任何有關佛教安危之事，他一得消息必定親往弭平。對於魔子魔孫的惑亂比丘，他也都栖遑奔赴，應機除魔。凡此種種，使天界的四天王對他都極為敬重，每次韋將軍一到，天王都會起立相迎。

自從唐・道宣《感通錄》記載了南天王部下的韋將軍周行東、南、西三洲，保護佛教的故事傳出後，中國佛寺後來漸漸有了供奉韋馱護法的風氣，甚至進而成為寺院的主要護法神之一。韋陀護法的造像極具中國式的特色，他身披金甲，頭戴金盔，手執金剛杵。在寺院的早課時，皆會舉念「南無護法韋馱尊天菩薩」三稱，稱為「祝韋馱」。

伽藍佛寺的守護神—伽藍護法（關公）

「伽藍護法」本來是泛指守護寺院的護法神，但在中國又專指三國時代的關羽，民間稱之「伽藍尊王」、「伽藍千歲」。關羽，字雲長，為三國時蜀漢河東郡解縣人，其勇猛過人，為一代虎將。因素重情義，秉性忠直，故名垂青史。明神宗時，敕封為「三界伏魔大帝神威遠震天尊關聖帝君」。因此，後代民間多尊稱為「關聖帝君」，或略稱為「關帝」。

關公是如何皈依佛法，成為佛教護法神的呢？在《佛祖統紀》記載：

唐代的智顗大師剛到荊州時，希望尋找適合的地點建立伽。他到附近堪察地勢，走到一個大池。池子的北方有一株大樹，枝葉婆娑，樹身中空，剛好容納一個人在其中。智者大師就在其中趺坐入定。

有一天，忽然間天地變色，風雨怒號，有一條長達十餘丈的巨蟒，對著樹洞內的大師張開血盆大口，各種彈砲、弓矢等武器如雨般落下。但是智者大師如如不動，一點也不恐懼，仍繼續安然坐禪。如此經過了七天。

伽藍佛寺的守護神一關公（藏密唐卡造像）

智者大師悲愍這些妖怪，就對它們說道：「你們現在這樣繼續造下生死眾業，貪著以往累積的一點小福報而不知懺悔。」

他的話似乎說著了妖怪的心事，剎那間各種妖異的現象一時俱滅。

當天晚上雲開月明，有兩位美髯長者，他們有著如同王者一般的威儀，兩人一起來到樹洞前，上前向智者大師致意：「大師，在下關羽。漢末時局勢紛亂，九州瓜裂。曹操不仁，孫權自保。予義臣蜀漢，期望能恢復帝室。可惜時事相違，有志不遂。但因死有餘烈的緣故，而於此山稱王。大師，您為何來到此地呢？」

智者大師告之以希望能在此地建立道場。

山神於是說：「願大師哀愍我等，接受我等供養。前面不遠的地方有一座山如覆船。其土深厚。我等願建寺化供，護持佛法。願法師在此安禪，只消七日即可建成。」

七天之後，智者大師出定後，看見原本高千丈的湫潭化為平阯，一座棟宇煥麗巧奪人目的道場就座落於此。這是神運鬼工才可能這麼快速的蓋好這樣一座道場。後來智者大師領僧眾入居，晝夜演說妙法。

有一天，山神來向智者大師稟告：「弟子今日得以聽聞出世間妙法，何其有幸！願洗心革面，求法師為我等授戒，永為菩提之本。」智者大師即為其授以五戒。此山神果然守護生靈，護持佛法，威德昭布千里，遠近來瞻仰祝禱者，莫不肅敬。此後關羽即成為佛教寺院的護法神。在寺院的日課中，都有所謂的「祝伽藍」，也就是在晚課誦完三皈依之後，念誦與唱讚伽藍護法。有的寺院中還有專門供奉伽藍神的堂宇，稱之「伽藍堂」。

第三章 諸尊龍王護法

在佛教的護法中，除了諸天天神之外，最常見的就是龍王及其他護世聖眾。他們的形像不像天人那麼莊嚴，有的甚至長得很駭人，但是基本上他們都是具有善心的，歡喜護持佛法及善人。

在經典中，法會中的大眾，除了諸佛菩薩、解脫的阿羅漢聖者，及在解脫與輪迴間流轉的人類之外，還有一類各自有著十分鮮活個性的眾生存在。他們擁有十分強大的力量，守護著佛陀、佛法與善人，但同時又有著個自的煩惱與脾氣。他們就是所謂的「天龍八部眾」，也就是我們在第二章所介紹的諸天，及本章所要介紹的龍、夜叉、乾闥婆、阿修羅、迦樓羅、緊那羅及摩睺羅伽等護持佛法的八種守護神。

我們可以發現他們都是佛陀的忠實信眾和聽眾，只要佛陀出現或說法時，他們都十分歡喜的守護與聽法。他們經常出現在法會的現場，然後就靜靜的在一旁聽法，莊嚴道場，最後則是對佛陀所說的教法歡喜奉行或發願護持。雖然在佛經中，他們並不是主體，但是佛法大會中，有了他們的存在，使法會更加熱絡，也更加莊嚴。本書的第三章及第四章所要介紹的就是諸尊龍王及其他的護世部眾。

龍（梵文nāga），音譯「那伽」，龍族居住在水中，能呼雲興雨，是具有蛇形的鬼類眾生。

在佛經中，時常可見龍王護持佛法及龍族相關的記載。例如，在《過去現在因果經》及《修行本起經》中就記載，佛陀誕生時，難陀及優波難陀二位龍王，在虛空中吐下清淨水，一溫一涼，以灌洗太子之身。《佛本行集經》及《有部毗奈耶破僧事》中也記載著，當時佛從菩提樹下起座，往目支鄰陀龍王池邊，坐在一棵樹下思惟，當時連著下了七日的洪雨，目支鄰陀龍王就從池中出，以龍身繞佛七匝，並以頭為蓋，覆於佛陀頂上，守護佛陀，使其不受風吹雨淋等干擾。

《增一阿含經》卷十四、《太子瑞應本起經》卷下記載，佛在教化優樓頻螺迦葉時，曾經在其火神堂中降伏毒龍。這些故事經常成為佛教藝術的題材，例如現今印度的巴路特、山崎、阿摩羅婆提，及爪哇的波羅浮屠等古塔，都有著這些故事的雕刻。

身為龍的苦惱

龍族的生活如何呢？傳說龍族日常生活中都有三種煩惱痛苦：

1被熱風、熱沙著身，受皮骨肉髓燒灼之苦惱。

2龍宮內，時常惡風暴起，諸龍經常遭受失去寶飾衣物，龍身自現的苦惱。

3諸龍各在宮中相娛樂時，突然會有迦樓羅（金翅鳥）入宮撲捉諸龍吞食，使龍族心常恐怖，常懷熱惱。

除了阿耨達龍王及少數具足福德的大龍王之外，無有能免於此難者。

此外，在《僧護經》中記載，有一位海龍王變為人形而出家修行，但是他在睡眠時還是會現起龍身，讓同在一起修行的人非常驚駭。龍族在出生、臨終、交媾、瞋怒、睡眠等時，都會無法抑制的現出龍的原形，不能變化成為異類之身。

龍族眾生有兩種特性，即愚癡及瞋恚的兩種煩惱特重，因此這兩種習性特別強烈的眾生，就容易投生到龍族。

龍族的領袖稱為龍王（nāgarāja），他們具足強大的威力，經常為佛法的守護者。像善住龍王，難陀、婆難陀龍王兄弟，阿耨達龍王等，都是行大乘佛法、精進修行的龍王。他們的眷屬也都瞋心淡薄，而且憶念福德，能隨順正法而行，屬於法行龍王，不受熱沙之苦，而且以善心依照時序降雨，使世間五穀成熟。

相對於法行龍王，另外有一類「非法行龍王」，如波羅摩梯、毗諶林婆、迦羅、樓樓等龍王，他們不順法行，行不善法，不敬沙門及婆羅門，所以常受到熱沙燒身的苦果，這些惡龍常在閻浮提現起大惡身，興起暴惡雲雨，使世間一切五穀損害。

一般有八位著名的大龍王，是指列於法華經會座上的八位大龍王護法：

1 難陀龍王，意思是「歡喜龍王」，乃是一切護法龍神之上首。

2 跋難陀龍王，又稱「優波難陀龍王」，意思是「賢喜龍王」，是難陀龍王之弟。

3沙伽羅龍王，又稱娑竭羅龍王，意譯為「海龍王」，為古來請雨法之本尊，亦為觀音二十八部眾之一。

4和修吉龍王，意譯為寶有龍王、寶稱龍王，多頭龍王、九頭龍王，又稱婆修豎龍王。他的身長非常巨大，能繞須彌山，平時以小龍為食。

5德叉伽龍王，意思是「多舌龍王」、又稱為「視毒龍王」、「能損害者龍王」。他只要以怒目注視，即可使人畜即時命終。

6阿那婆達多龍王，又稱阿耨達龍王，意思是「無熱惱龍王」住於雪山頂之阿耨達池。

7摩那斯龍王，意思是「慈心龍王」、「大力龍王」、「大身龍王」。

8優婆羅龍王，意思是「青蓮龍王」，因為他住於青蓮華池而有此名。

在《佛母大孔雀明王經》中記載，有的龍王在地上行走，有的則常居住於空中，或是住在須彌山上，也有住在水中的。而在形象上，有一頭、二頭，乃至多頭的龍王，也有無足、二足、四足，乃至多足的龍王。

《佛母大孔雀明王經》卷中舉出佛世尊龍王以下，乃至小白龍王等一百六十餘種龍王之名，這些都是具有大福德的龍王，如果能稱念其名，必能獲得大利益。這些龍王在各自的領土上，有時發出震響，有時放出光明，或是降下甘霖，使禾稼成熟。在《大雲輪請雨經》中則舉出難那龍王，乃至尾羯吒龍王等龍，這些龍王各自有陀羅尼，能施予一切眾生安樂，於贍部洲依時降注甘雨，令一切樹木叢林藥草苗稼皆得增長。

龍王居住在龍宮之中，龍宮中的景像如何呢？在《長阿含經》中如此描述娑竭羅龍王的龍宮：「大海水底有娑竭龍王宮，縱廣八萬由旬，宮牆七重，七重欄楯，七重羅網，七重行樹，周匝嚴飾皆七寶成，乃至無數眾鳥相和而鳴。」《正法念處經》中則描寫德叉迦龍王的龍宮：

「過軍闍羅山，（中略）有一大海，於海水下五百由旬，有龍王宮，種種眾寶以為莊嚴，毗琉璃寶，因陀青寶，頗梨欄楯，七寶莊嚴，光明摩尼種種眾寶，莊嚴殿堂，重閣之殿，猶如日光，有如是等無量宮殿，德叉迦龍王以自業故，住此宮殿。」這些龍王由於福德所致，與眷屬們居住在莊嚴的龍宮之中。

佛陀本生為龍的故事

在《大智度論》卷十四中，曾記載佛陀本生為龍的故事。

在久遠的過去生中，有一世，佛陀曾經投生為一隻力大無窮的毒龍。它有著巨大的身軀，雙眼會噴毒火，可以毒眼把人瞪死，即使不被瞪死，只要毒龍噓一口氣，也會把人毒死。因此牠傷害過許多生命。

直到有一天，毒龍被一位修行者以佛法感化了。這位修行者又勸誡毒龍，如果要捨去龍身脫離畜牲道，就要奉行慈心不殺戒。

毒龍真心行修行者所說的教法，也厭離自己醜陋的龍身，所以就誓願奉行不殺生戒。從此，牠就發誓不傷害任何一個生命，即使是小蟲和螻蟻也一樣。

漸漸的，它的心性調柔了，不像從前那樣兇暴，生而為龍的壞習慣也逐漸消除了。後來牠找到一處安靜的山洞，便住在洞中專一精進修持。

有一天，正當牠在山洞外的大樹下打坐的時候，由於疲倦，不知不覺睡著了。它身上的麟甲，在陽光下閃耀著美麗的紋彩，就像一條華美的寶帶。這時，有一個獵人巡獵到這裡，看到美麗的龍皮，心中生起了貪念，他想：假如採得這張美麗的龍皮，獻給國王，必定能獲得重大的獎賞！

於是他大膽地用鐵杖按住龍頭，取出鋒利的刀子，開始動手剝龍的皮。龍痛得驚醒過來，發現獵人正在剝它的皮。

它心想：「我的力量可以翻山倒海，沒有力量可以反抗我。這個人類，只要我伸個懶腰就可以讓他重傷。可是，我已經發願持不殺生戒，希望出離畜生道。我就忍受一時的痛苦，成就獵人的願望，我自身也趁這個機會，捨離這副臭穢的龍身。」

因此，牠就靜止不動，任由獵人剝著它的皮，忍受椎心的痛苦，但是心中卻沒有絲毫怨恨。

終於，獵人剝走了龍的皮，它全身鮮血淋漓，虛弱地躺在地上。

然而，苦難尚未結束。森林裡的鳥獸，甚至爬蟲，聞到龍血的腥味，都來啄食龍身上的肉，小動物爬滿牠的傷口，又痛又癢，它實在很想翻一翻身，或打滾來減低苦受，但為了避免去壓傷身上的小動物，它還是忍住劇痛，任由動物取食。

牠用最摯誠的心，發願道：「願盡此生所有，布施給一切眾生，護持無上的戒寶。有一天成佛，我願以佛法布施給眾生，使他們證得無上正覺，圓滿成佛。」

由於堅守不害眾生不殺戒的功德，毒龍死後脫離了畜牲道，投生到忉利天上，成為忉利天的天神。

佛陀降伏火龍

在佛教中有許多和龍有關的故事，在佛陀剛成道時，也曾經因為降伏火龍而度化了一千位弟子。

度化五比丘之後，佛陀決定先去度化摩揭陀國著名的宗教領袖—優樓頻羅迦葉。

優樓頻羅迦葉和他的兩個弟弟伽耶迦葉、那提迦葉等三兄弟事奉火神，是地方著名的耆宿，深受國內百姓皈信。他們養著一隻火龍，非常兇猛。佛陀前去拜訪他們，並寄宿在火龍居住的房間。火龍看見佛陀出現在它的地盤，立刻生氣的吐出毒煙火焰，整個房間頓時陷入一片火海。佛陀一點也不慌張，他先護住火龍的命根，即入於火光三昧，發出比毒龍更加猛烈的大火，火龍被燒得無處可逃，看見佛陀面前的鉢中水光清涼，於是變成小龍一躍而入，就被佛陀收伏在鉢中了。

優樓頻羅迦葉和他的弟子們，心想佛陀必定被火龍所害，沒想到卻是佛陀收伏了火龍。於是三迦葉兄弟及他們門下的一千個弟子，都一起皈依了佛陀。

在現今印度著名的佛教遺跡山崎大塔，其塔門的浮雕中，就雕有佛陀教化三迦葉的事蹟。

十一面觀音與八大龍王像（日本高野山三昧院藏）

阿波邏羅龍王的故事

傳說在古印度陁揭釐城東北，距離約二百五六十里處，有一座大山，山上有一處阿波邏羅龍泉（梵名apalla），意思是「無稻桿龍泉」，裏頭住著阿波邏羅龍王。此處是古印度蘇婆伐窣堵河的源頭，也就是現今的印度河上游之支流斯瓦特河（Swat）上游，是西南向的河流，在春季及夏季都冰凍著，早晨和晚上都會飄著飛雪，雪霏映著五彩光芒，光彩流動四照，非常美麗。

為什麼這個龍泉會被稱作「無稻桿龍泉」呢？因為這裏每年都會發生「白水之災」，也就是在蘇婆伐窣堵河的上源山谷，在每年一定的雨期，因山嶽土壤溶化，白色的砂土和河水順流而下，往往泛濫成災，摧毀農作物。

關於這個災害，傳說是阿波邏羅龍王所造成的。阿波邏羅龍王本來是一個人類，當迦葉波佛住世的時代，由於他深諳咒術，能幫助農民抵禦惡龍，使其不會興起暴雨，破壞農作。在幾年內，國內也確實風雨調和，人民得以積畜餘糧。

最初，大家感念他的恩德，每一戶都自動繳一斗穀來送給他。如此過了幾年，久而久之，大家習慣了太平日子，漸漸忘了他的功勞，也沒有人送穀子給他了。他感到十分怨恨，認為這些人們忘恩負義，就發了一個惡願，願來世投生為龍，以暴行風雨，損傷苗稼來做為報復。

命終之後，他果然如願投生於此地，成為一個暴惡的龍王，降下狂風暴雨，使河水源頭山谷的土壤溶化，白色的砂土和河水順流而下，沿岸泛濫成災，農作物完全被摧毀。

釋迦牟尼佛愍念此國人民的災難，就以神通力到達此地，希望能度化這個惡龍。佛陀知道阿波邏羅龍王非常兇暴難伏，因此到了龍泉之後，先遣具有神力的執金剛神，以金剛杵拍擊山崖，使得整座山都發生了大地震，幾乎要崩塌一般。阿波邏羅龍王非常恐懼，倉皇逃出洞來，才知道原來是佛陀威神力所致，於是誠心皈命佛陀。佛陀為他開示說法，龍王心中生起了清淨的信心和解悟，佛陀就教他應行慈心，勿損害農稼。

龍王有點為難的回答：「世尊！我一切所食，都是仰賴收人田，現在如果遵從您的聖教，恐怕我就難以活命了，祈願世尊允許我十二年收一次糧儲！」如來悲愍地應許了。後來此地的水患果然減少了，十二年才發生一次白水之災。

在阿波邏羅龍泉西南大約三十餘里，北岸的大磐石上，有如來足所覆蓋的痕跡，相傳是佛陀降伏阿波邏羅龍王之後，留下足跡而去。後人就於此上積石為室，並以花香供養。

迦濕彌羅開國傳說

迦濕彌羅開國的因緣，相傳也與龍王有關。迦濕彌羅國是位於西北印度的古國，位於犍陀羅的東北方，喜馬拉雅山麓，大約是現今喀什米爾地方，漢代稱「罽賓」，唐代稱「迦濕彌羅」。阿育王曾派遣末闡提（Majjhantika）尊者至罽賓傳道。此國盛行以說一切有部為中心的教學，是佛教上座部佛教的據點。傳說迦濕彌羅國其開國之地，本來是一座龍池。往昔佛陀從烏仗那國降伏惡神之後，在回到本國的途中，經過此國的領空，就對阿難說：「我涅槃之後，有末田底迦阿羅漢，將會在此地建立國家，弘揚佛法。」

後來，在佛陀寂滅之後五十年，阿難的弟子末田底迦羅漢者，証得六種神通，具足八解脫，他曾聽阿難尊者說過佛陀的預言，心中深自慶悅，便來至此地，入於大山嶺，在林中入於禪定，並示現廣大的神通變化。

住在附近的龍王，看了這種種不可思議的神通變化，深深生起深信，就對尊者說：「您來到此地，有什麼希望嗎？」

尊者回答：「願您將池內的地佈施一小塊給我，讓我我足夠容膝就好了。」龍王也很高興的答應了，於是他將龍池中的水縮小一些，好讓出一點空間供養尊者。不料阿羅漢以神通示現廣大身，龍王再怎麼努力縮水，都無法讓出像尊者身體那麼大的地。一直到水都乾了，池子也空了，龍王只好將池子完全布施了。

龍王於是對尊者說：「我將池地完全佈施予尊者，願尊者恒受我供養。」

末田底迦說：「不久之後，我將入無餘涅槃，雖然想接受你的祈請，卻沒有辦法啊！」龍王於是說：「那麼請您帶五百羅漢來，恒常受我供養，乃至正法滅盡；法盡之後，我再來取回此國，做為居住之池。」

末田底迦於是滿足它的心願。當時尊者既得龍王供養之地，於是運用大神通力，建立五百寺院伽藍，並且從別的國家買賤民回來，以充作役使，以供僧眾生活所需。末田底迦尊者入寂滅後，這些賤民自立為國王，但是鄰境諸國卻都因為鄙賤他們的種姓，而不願與其交親，而稱其為「訖利多」（意為「買得」）。

迦濕彌羅國

迦濕彌羅國，意思是「阿誰人國」。它是，位於犍陀羅的東北方，喜馬拉雅山麓，大約在現今之喀什米爾地方。在中國漢代稱其為罽賓國，東晉南北朝時代，則改稱為迦濕彌羅。

在《善見律毗婆沙》中記載，阿育王曾派遣末闡提（Majjhantika）尊者到罽賓弘揚佛法。此國盛行以說一切有部為中心的教學，是佛教上座部佛教的重要據點。在阿育王之後，又有迦膩色迦王，曾召集世友等五百聖賢在此地編集《大毗婆沙論》。但是後來又被紇利多族所征服，佛教因遭迫害而衰退。

西元七世紀初，中國的玄奘大師遊歷至此國時，看見其國內有伽藍百餘所，僧徒約五千多人，另有四座窣堵波，也就是佛陀的舍利塔，都是阿育王所建。此外，相傳此國內重要的佛教遺址還有收藏佛牙的窣堵波、僧伽跋陀羅作《順正理論》的舊伽藍、索建地羅作《眾事分毗婆沙論》的伽藍、收藏大食羅漢之舍利的石窣堵波、布剌拏論師作《釋毗婆沙論》的商林伽藍等。

佛典中有關迦濕彌羅國國的記述不少，像《蓮華面經》中說，佛陀滅度後，罽賓國佛法興，閻浮提之阿羅漢皆往彼國，猶如兜率天處。《大方等大集經》中說，佛陀將罽賓那國付囑給怖黑天子等。《難提蜜多羅所說法住記》中則記載，迦諾迦諾迦伐蹉尊者與其眷屬五百阿羅漢共住迦濕彌羅國。由此可知，在古代迦濕彌羅國的佛教曾經非常興盛。

到了十四世紀，回教勢力入侵，到現今為止，該地居民大部分都是回教徒。1846年該地成為英國的藩屬，1947年印度與巴基斯坦分別獨立後，喀什米爾的歸屬問題在印、巴兩國之間爭論不已。

龍媽媽與人爸爸

往昔毗盧擇迦王前往討伐釋迦族，其中有四個釋迦族的族人，由於拒絕從軍，被宗親擯逐國外，各事分飛。其中一人出了國都之後，由於路途跋涉疲憊，途中停下來休息。當時有一隻大雁飛到他跟前，非常溫馴，釋種人就乘著牠，飛了不久，大雁將他放在一個水池旁。這是一個他從未看過的地方，他向前走著，沿途都沒有看到一戶人家。走著走著，他感到有點累了，就在一旁的樹蔭下休息，小睡一會兒。

這個池中有龍族居住，這時，池中有龍女剛好在池邊遊玩，忽然看見有一個人類在樹下休息，為了怕嚇到他，龍女就隱去自己的龍身，變成一個少女，上前去查看。近來她曾聽說有釋迦族人流離逃難的事，心想這個男子可能是其中之一吧！她靠近去撫摸他的臉。

釋種人驚覺醒來時，見到美貌的龍女，感動地說：「我一個流浪的旅人，怎得小姐關愛親拊呢？」於是不斷獻上殷勤，希望能與其燕好。

龍女婉拒道：「父母有訓示，女兒家只有奉命無有違背，雖然蒙您不棄，卻未獲得雙親同意。」釋種人奇怪的說：「這荒山遍野，四周只有山谷，我走了許久，也沒有看到一戶人家；你家在那裏呢？」

龍女說：「實不相瞞，我乃是池中的龍女。我曾聽聞釋種聖族流離逃難的消息。今日因為出來遊玩而巧遇您，希望能安慰您的疲憊，只是我受此龍身，人畜殊途，是不可能在一起的。」

釋種回答：「只要你答應我，我一定完成你的心願。」龍女答應了。

這時，釋種人就一心精誠的發願：「願以我所有福德之力，讓龍女變成人類！」

由於這釋種人宿世福德之力所致，龍女果然改變形貌，變成人類的外表。

龍女既歡喜又感動的說：「我因惡業流轉於惡趣，得此醜惡之身，幸蒙您的垂顧，福力所加被，曠劫以來弊惡之身，現在卻改變了。即使粉身碎骨，也要報答您的恩德。請您讓我回去稟告父母，然後備禮籌備婚事。」於是龍女還回池中，向龍王及母后報告了整個經過。

龍王本來就對人類非常欣喜，更何況對方又是佛陀母國釋種聖族，便欣然同意了女兒的請求，一同出來龍池外。他感激地對釋種人說：承蒙願您不棄我等非人之類，降尊就卑，願光臨我室中，我等願供您使喚。」釋種受龍王之請，便入於龍宮。於是在龍宮之中，親迎備禮，燕爾樂會，極盡歡娛之事。只是釋種人每天觸目所見，都是一些龍族、水族，心中既畏懼又厭惡，於是開始想離去。

龍王就勸他：「你就算要回去人間，也用不著去太遠的地方，鄰著我們龍宮旁居住，我可以幫你佔據疆土，成為國王，統領臣庶，祚延長世。」

於是龍王取了一把寶劍，放在密篋之中，用妙好的白氎覆蓋著，交給釋種人。「你可以持此白氎獻給烏仗那國王，國王必定親受遠方人民之貢品，這時你就可以趁機殺害其王。再佔據他的國土，不是很好嗎？」

釋種人依言到達烏仗那國，獻上貢品，國王果然親自接見，觀看妙好白氎。釋種人趁其不備時，執其衣袂而刺殺之。左右侍臣衛兵諠亂譁然，釋種人便揮劍宣告：「我所執之劍，乃是神龍所授予的，用來誅殺一切不馴之臣。」於是眾人都懼其神武，而推尊其即大位。

釋種人即位後，開始制立新政，表揚賢者，體恤患者。不久便備法駕，到龍宮傳捷報，並迎請龍女還回國都。夫妻兩人非常恩愛，唯一美中不足的是，龍女雖然已經變成人類的外表，但是由於往宿的業力未盡，餘報猶在，每當夫妻燕好時，她的頭就會現出九龍之頭。這點讓釋種人非常畏懼厭惡，有一次他終於忍無可忍，就趁龍女完事睡著之後，用利刃斬斷她其餘的龍頭，龍女驚醒後痛苦萬分地說：「你這樣做不但是損害我，你的子孫也會因此而有頭痛之苦。」後來此國族人就有頭痛的疾患。釋種人去世後，其子嗣位，也就是上軍王。相傳在佛陀滅度後，均分舍利的八王之中，上軍王即其中之一。

烏仗那國

烏仗那國（梵Uḍḍiyāna）　烏仗那國是位於北印度，犍馱羅國北方的古國，其位置大概在於現今的斯瓦特、旁修柯拉兩河流域地方。相傳佛陀滅度時，此國之上軍王亦參與舍利的分配。東晉法顯到印度時，此地盛行小乘學，而到了唐玄奘西遊時（唐·貞觀年間，627～649），此地僧徒則敬信大乘佛法。

在此國中，相傳有許多中關於佛陀本生及教化的古蹟，如都城之東有一處古蹟，傳說是佛陀前世為忍辱仙人時，割截肢體的地方。又，斯瓦特河的水源，有著名的「阿波羅邏龍泉」，是佛陀教化惡龍之處。其西南有「佛足石」及「醯羅山」，相傳醯羅山是佛陀過去世為聞半偈而捨命夜叉之處。南方布尼爾（Bunir）地方，有「摩訶伐那僧伽藍」，傳說這裏是佛陀於過去世為薩縛達多王（Sarvadatta，一切施），行菩薩行時，因無可施之物而賣身於敵王之處。

烏仗那國的首府瞢揭釐城（Muṅgali），位在今之斯瓦特河左岸。其東北千餘里處有達麗羅（Dâril）河，為此國舊都的所在地。當地有相傳為古代末田底迦阿羅漢建立的彌勒像。又今塔波達拉（Top-Darra）山麓有一大佛塔的舊址，此塔是犍馱羅式的建築，但最頂上的五輪已毀。

烏仗那的鄰近地區，都是大乘佛教盛行的地區，北印度的大乘教區，可以說是以烏仗那為中心而向東西延伸，又向南發展，而引起犍陀羅佛教的隆盛。後來，本地更成為密教的根據地，並成為密教的四大聖地之一。此外，在西藏的傳說中，烏仗那國是密教的理想國土，有著許多神話傳說。在十一世紀回教徒入侵之前，烏仗那可以說是當時佛教文化繁榮發展的中心。

龍鼓傳說

在古老的于闐國，有一個關於龍鼓的傳說。

在于闐王城東南百餘里之處，有一條大河，朝西北流，國人利用它來灌溉田地。但是有一天，這條河突然斷流了，農田也無法灌溉了。國王感到非常奇怪，於是請問阿羅漢聖僧：「這大河之水，一向供給國人取用，現今忽然斷流，是什麼地方出錯呢？是我為政有不公平之處，還是我的恩德不夠普及？不然，為何上天要降下這麼重的責罰？」

聖僧回答：「大王！您以仁心治理國家，政化清明和平。河水會忽然斷流，其實是龍所造成的。你應當速到龍廟祈求，當恢復往昔水利。」

大王於是迴駕，備供祠祭河龍。這時，忽然有一個女子從河面凌波而至，對大王說：「我的夫婿早喪，主命無從。所以河水絕流，農人失利。願大王於國內選一個貴臣，許配我為夫婿，如此水流便可如同往昔一般順暢無礙了。」

國王知道她是河中的龍女，於是回答：「您的請求我知道了。」

這個女子回頭深深地看了國王的大臣一眼，又乘著水回到河中去了。

大王迴駕後，就對群下說：「大臣是國家的重鎮，而農務則是百姓的命食。國家失去重鎮則傾危，人民絕去糧食則死亡。這兩者都是如此重要，應該如何是好呢？」

龍女中意的那位大臣，立即跪下來稟明大王：「臣平日常思報國，只是未遇時機，今願謬當此重任。假如是利益萬民之事，我一個人算什麼呢？臣者，是國之佐，而人者是國之本，願大王不要再猶豫了！只祈願大王能廣建佛寺，為臣修福。」

大王答應了他的請求，大臣又請求能早入龍宮以平水患。國人聽聞這個消息，無不感佩，因此臨行的這一天，舉國宮僚庶民，都鼓樂飲酒為其餞行。大臣穿著素服，乘著白馬，與大王告別，敬謝國人。奇怪的是，當他驅馬入河時，履及水中卻不溺水，到了中流，用麾鞭一畫水，河水自然中開，自此大臣才沒入水中。

過了不久，大臣所乘的白馬浮出河面，背上載了一面旃檀大鼓，上有函書一封：「大王不遺細微，謬參神選，願您多多營福，增益國家，滋長群臣。您可以將此大鼓懸在城的東南方，如果有賊寇至，則鼓會先出震動聲。」國王後來就將這面龍鼓高懸在城的東南方，每當有賊人入侵，鼓就會自動發出聲響。這就是龍鼓的傳說。

于闐國

于闐（梵Ku-stana）是西域古王國名，也就是現今新疆省和闐縣。玄奘時將其譯為「瞿薩旦那」，意思是「地乳」，西藏人則稱此地為「離余國」。

此地濱和闐河，南有崑崙山，北接塔克剌麻罕沙漠，是西域南道中最大的綠洲，位當天山南路、西域南道之要道，向西可通往北印度或鶻貨羅（古代大夏）。此地的氣候和暢，植物種類豐富且繁茂，更盛產寶玉，自古即以出產美玉而馳名中外。

西元前二世紀（西漢時代），尉遲氏在此地建立于闐國，是西域南道中，國勢最強的國家之一，因位居絲路貿易的重要據點而繁榮一時，且為西方貿易商旅的集散地，東西文化之要衝。

此地自古即盛行佛教，最初傳行迦濕彌羅國的小乘佛教，一直到西元五世紀，才開始弘傳大乘佛教，並在五至八世紀期間，成為佛教文化的一大中心地，對於佛教的東傳的影響很大。法顯在晉．隆安五年（公元四〇一年）初到于闐國，在《法顯傳》中記載著于闐國佛法的盛況：其國豐樂，人民殷盛，盡皆奉法，以法樂相娛，僧眾數萬人，多學大乘。唐．玄奘大師所著的《大唐西域記》中，也述及此國人性溫恭，知禮儀，崇尚佛法，伽藍百餘所，僧徒五千餘人，並習學大乘法教。

十一世紀初，信奉回教的維吾爾族征服于闐，于闐佛教隨之衰頹。又加上天災人禍的影響，昔日莊嚴盛大的寺院佛塔等，皆埋入沙土之中。直到現代，此地的佛教遺蹟及許多珍貴資料才陸續被發掘出土。

敦煌千佛洞也發現數部由和闐語寫成的佛教經典及文書，其中，佛教經典有《大乘無量壽經》（又名《無量壽宗要經》）、《金剛般若經》、《金光明經》、《一百五十頌般若波羅蜜多經》等。

大雪山龍王的故事

在《大智度論》中，記載著大雪山龍王的故事。往昔西域的健駄羅國有一個阿羅漢聖僧，常受大雪山龍王的供養。每天到了中餐的時間，阿羅漢就以神通力，連同所坐繩床，凌虛而往龍宮應供。

阿羅漢有一個侍者沙彌，心裏非常羨慕，很想看看龍宮到底想得什麼樣子。有一天，他就偷偷攀在師父的繩床下，阿羅漢並沒有發現，時間到了，照常連床座一走飛往龍宮。等到了之後，他才發現小沙彌也跟了來。龍王心裏雖然不高興，也只好一起供養小沙彌。但是在準備飯菜等時，龍王用天甘露供養阿羅漢，卻以人間味供養沙彌。龍宮裏金壁輝煌，沙彌看得目瞪口呆。突然間，他聞到一陣令人心蕩神馳的香味，抬頭一看，迎面而來的龍女，宛若天女下凡，全身飄散著芬芳，沙彌不禁深深生起愛慕之意。

用餐完畢之後，聖僧便為龍王宣說法要，而沙彌也一如往常為師父洗滌鉢器。這時，恰巧飯器有餘下的飯粒，沙彌驚訝的發現這飯粒好香，非人間所有，才知道龍王給自己吃的是人間食，給阿羅漢準備的是天上甘露，於是他心中又羞又恨，他恨龍王，也恨他的師父能得到這麼好的供養。他發願道：「願我傾一切福德之力，必斷此龍王命，自立為龍王，得到龍宮的一切！」

聖僧為龍王說法完畢，要回去之前，龍王還特別交代，下次別再帶小沙彌來了。今日所受羞辱，深深烙印在小沙彌心中，加上得到龍女愛情的渴望，回到寺裏的那一刻起，他立下決心一定要早日投生為龍王。於是他不斷行持佈施、持戒，並將所有的功德迴向自己早日成為龍王。

有一天，他遶著佛寺一心精勤持願時，足下開始流出水來。他知道這是自己來生必將作龍的徵象。於是他到聖僧每天入龍宮應供的大池邊，以袈裟覆蓋著頭部，投入池中自盡。死後，他果然變為大龍，由於他所累積的福德廣大，具足大威力，殺了池中的龍王，整個水也的水都被血水染成鮮紅色。他居龍宮，佔有其部屬，總領其統命。

第一步復仇的行動完成之後，他緊接著下一步行動—摧毀其師阿羅漢聖僧所居住的寺院。寺院的天空密佈著黑雲，雷電閃爍，暴風雨開始了。樹木被連根拔起，寺院的屋頂格格作響，彷彿隨時都會被掀走一般。

當時迦膩色迦王正好在此寺向聖僧請益，看到這突如其來的暴風雨，感到非常奇怪。阿羅漢深深嘆了一口氣，將這段因緣的始末告訴他。

迦膩色迦王是佛教的大護法，他一方面感歎業力因果的不可思議，另一方面也決定要在雪山下建立僧伽藍，建高百餘尺的窣堵波來鎮伏此惡龍。但此龍非常兇惡，幾經波折，才被降伏，不再摧毀佛寺、佛塔。雖然如此，由於他自知本性暴惡，無法自制，於是請迦膩色迦王派一人候望山嶺，倘若黑雲興起，就代表龍的惡性發起，請人緊急擊楗椎。龍王聽聞此聲，暴惡之心即平息，不再興起暴風雨。這是大雪山龍王被降伏的故事。

法華經中龍女成佛

龍女成佛是《法華經》中所記載的故事。在《法華經》〈提婆達多品〉中記載：在法華會中，文殊菩薩告訴智積菩薩，娑竭羅龍王的公主，年方八歲，卻因為修行《法華經》的緣故，而疾速成佛。智積菩薩聽了後，感到很懷疑。就在這時，龍女忽然出現於法會之上，以頭面禮敬佛陀，並以偈讚佛。

這時，舍利弗對龍女說：「你生為女身，充滿垢穢，不堪為法器，怎麼能得證無上菩提？」龍女就以身上的寶珠獻給佛陀，然後問舍利弗和智積菩薩：「尊者！您看我以此寶珠獻給佛陀，佛陀接受此珠是否迅速呢？」智積菩薩和舍利弗都說：「非常快速！」龍女又說：「我成佛的速度比這更迅速！」

這時法會中的大眾，都看見龍女忽然之間變成男子身，具足菩薩行，即刻前往南方世界，安坐於蓮華臺上，成就正等正覺，具足三十二相，八十種好，普為十方一切眾生演說無上妙法。於是，娑婆世界的菩薩、聲聞、天龍八部、人、非人等都遙向其敬禮。智積菩薩和舍利弗也都默然信受。

龍女八歲即身成佛的故事，是佛教中非常有名的典故，也引發了女性及龍族是否能成佛的廣大討論。早期的傳統佛教，認為女性之身有五種障礙，所以不能成為梵天王，更不可能成佛。此外也有說龍在睡眠時會現出其本形，不能持齋，並非法器，因而不許龍參預僧團。

此外，在《海龍王經》〈女寶錦受決品〉中，也記載了海龍王女寶錦與諸龍之夫人一起以瓔珞獻給佛陀，發起無上道心願成佛，佛陀並授記他們未來當成佛。在《菩薩處胎經》卷七〈八賢聖齋品〉也說，海龍王生於阿彌陀佛的國土，得以作佛。

龍樹菩薩入龍宮求法

龍樹菩薩在學佛的過程中，也曾受到大龍菩薩的點化。當初入山中佛寺出家受戒，在九十日中即誦完經律論，想再求取其他經典，都不可得。

後來他又入雪山中佛塔，塔中有一位老比丘以摩訶衍大乘經典授與，龍樹菩薩讀誦之後受持愛樂，雖然了知實義，卻未得通利，之後周遊諸國，希望求取更多經典，然而卻遍求不得，而一切外道論師沙門義宗也都被其摧伏。

外道弟子對龍樹說：「老師您是一切智人，現在卻屈為佛弟子，難道老師的智慧尚有不如佛之處嗎？」龍樹辭窮之下，即生起邪慢心，心想：「世界法中道路甚多，佛經雖然微妙，但以理推之，所以有未盡之處，而未盡之中可以推而演之，以悟入後學。尚若於理不相違背，於事相上無過失，這樣何過之有？」

於是龍樹即自立宗師教戒，更造衣服，建立新教團。於是所有的弟子都受新戒，並穿著不同以往的出家服裝，獨自在靜處水精房中修行。

其實，人間的經藏是有限的，許多法藏並不存在於人間，而是珍藏在其他世

龍樹菩薩

界。當時在龍宮中守護法藏的大龍菩薩，看見龍樹菩薩被驕慢所蒙蔽，感到十分悲愍惋惜，於是就將龍樹菩薩接到海中，在龍宮殿中開啟七寶藏，及七寶華函，並以諸方等經及各種深奧經典，以無量妙法而授予之。

龍樹菩薩專心的在其中受讀了將近三個月，通達了解甚多，其心深入經藏，體悟得到寶貴利益。

大龍菩薩微笑的問他：「你將這些經都看遍了嗎？」

龍樹回答：「您的這些函夾中，經典眾多無量，不可窮盡也，我可以讀者已經十倍於閻浮提世界中的經典了。」

大龍菩薩說：「如我宮中所有經典，在其他地方還有比此處更多的經典不可數。」

龍樹在此開了眼界，加上這段期間等同閉關，專心閱讀經典，通達法要。於是大龍菩薩就送其出於南天竺，大弘佛法，摧伏外道。他並廣明大乘摩訶衍，作優波提舍十萬偈，又作莊嚴佛道論五千偈，大慈方便論五千偈，中論五百偈，使大乘教法大行於天竺。又造無畏論十萬偈，中論即是出於其中。

由以上的故事，我們可以看到，龍王在佛教的護法中佔有極重要的角色。以下我們就來介紹諸尊守護正法的龍王。

守護佛陀的目支鄰陀龍王

目支鄰陀（梵名 Mucilinda），意譯為「解脫處」，也有稱其為「文鱗龍王」。他住在菩提伽耶，佛陀成道處金剛寶座附近的池中，即古代中印度摩揭陀國，佛陀成道處東南之「目支鄰陀龍池」。此龍王於目真鄰陀窟中，因聽聞佛陀說法而得解脫龍的痛苦。在《大唐西域記》中記載：「帝釋化池東林中，有目支鄰陀龍王池。其水清黑，其味甘美。西岸有小精舍，中作佛像。昔如來初成正覺，於此宴坐，七日入定。時此龍王警衛如來，即以其身繞佛七匝，化出多頭，俯垂為蓋。」

其中說的就是佛陀剛成道時，目支鄰陀龍王守護佛陀的故事。

佛陀初得道時，由於之前苦行的後遺症，吃得極少，所以身體非常虛弱，後來長者女即以金鉢盛百味粥供養之。

佛陀食粥糜時，心中念道：「之前三佛初得道時，皆有施主獻上百味之食，並上金鉢，就如同此器一般，這三個鉢現都在目支鄰陀龍王的住所。」於是佛即將缽擲於水中，食缽自然逆流而上而上達於七里，墮於前三佛之缽上，四個缽器累累相疊，幾乎相類如同一個般，目支鄰陀龍王大為歡喜，知道這個世間又有佛出世了。

佛陀在樹下入定七日，尚未有信士供養的因緣，樹神擔心佛陀餓壞了，便勸化五百商人供養佛陀。

於是四大天王各自化出一缽，欲供佛盛食，佛陀就把這四缽合成一缽，接受了信士的供養，吃飽之後，起身到目支鄰陀龍王所住的水邊禪坐，入於四禪以上的深定，連呼吸都停止了，如是七日。

目支鄰陀龍王的年紀很大了，眼睛也瞎了，但這時由於佛陀的身光赫奕，光照水中，他的雙目忽然得以張開。看見自己的身影，就如同見到往昔三佛的光明，原來他的雙眼復明了！龍王歡喜地沐浴，用各種名香旃檀蘇合。出水之後，他看到佛陀的相好，光影如樹有華。龍王於是悄悄上前，以佛陀為中心，在周圍四十里，以自己廣大的龍身繞佛七匝，一點也不驚擾佛陀。他並以自己的七個龍頭，羅列覆蓋於佛頂上，為佛陀覆蔭遮雨，及避免蚊虻來擾亂。

當時連著下了七天的雨，龍王一心守護佛陀，佛陀坐了七天，他也不動的守了七天。但是他的身心非常愉悅，也不感到飢渴。雨停之後，佛陀出定，龍王就化作年少道人，穿著妙好服飾，稽首問候佛陀，而佛陀也為其授三皈依。

目支鄰陀龍王是一切龍王中最先見到佛陀、守護佛陀的龍王。

歡喜龍王難陀

難陀龍王(梵名Nanda)，意譯為「歡喜龍王」，這是因為這位龍王善於順應眾生的心意，能調御風雨，深得世人歡喜，因而有喜龍王等名稱。此龍王是八大龍王之一，和優婆難陀龍王是兄弟。二者常並稱為難陀優婆難陀。

在《過去現在因果經》、《法華經》等許多經典中，都說此龍王為護法龍王的上首。

在《增一阿含經》、《大寶積經》中記載，此龍王往昔本性非常兇惡，後來被目犍連尊者示現神通而將之降伏。

在《增一阿含經》中記載著這個故事：

當時佛陀在三十三天天宮為其生母說法時，閻浮提的國王、人民皆相雲集，而許多具足神通的大比丘僧，更以神足通飛往三十三天，一時之間虛空變得好不熱鬧。

但是他們在飛往三十三天的途中，卻會經過難陀和優波難陀龍王兩兄弟的領

歡喜龍王難陀

空。這對龍王兄弟看到許多沙門在自己頭上飛來飛去，心中感到老大不痛快。

「這些禿頭沙門在我頂上飛來飛去，旁若無人，看我來殺殺他們的威風！」

於是龍王兄弟二人就放出猛烈的火風，讓世間燒起猛烈的大火。

這時，阿難尊者趕緊稟告佛陀：「世

尊！為什麼閻浮提內忽然發生大火呢？」

世尊回答說：「這是因為難陀和優波難陀龍王兩兄弟，看到許多沙門在天上飛來飛去，心生瞋恚，就想出這種方法，放出大火，讓比丘們無法凌空飛行。」

這時，佛陀的大弟子大迦葉尊者即從座位站起來，稟告世尊：「世尊！不如我前去降伏這兩條惡龍！」

「這兩位龍王極為兇惡，極難教化。」佛陀並沒有允許。

於是阿那律尊者、離越尊者、迦旃延尊者等，都向佛陀請命，自願前往降伏惡龍，世尊還是沒有應允。

這時，神通第一的目犍連尊者站了起來，稟告世尊：「佛陀，不如由我前去降伏他們吧！」

「這兩位龍王極難教化，你有什麼好法子呢？」佛問他。

「我先以神通變化成極大形貌，嚇嚇他們，再化成極小來擾亂他們，如此必可使其降伏，不再危害人間。」

「太好了！目連，你確實足以降伏此惡龍，但是你要注意，堅定把持住心意，因為這惡龍會百般激怒你。」

目連領命之後，立刻從法會現場消失，出現在須彌山上。他看到難陀和優波難陀龍王，正以巨大的龍身，盤繞須彌山七匝，他們的七個龍頭，口中分別吐出瞋怒的猛烈毒火，在世間到處縱火。

這時，目連將自身變成具有十四個龍頭的大龍王，遶須彌山十四匝，放出大火煙，就在二龍王頂上安住。

在龍的世界裏，變化龍頭的數量和龍身的大小，代表著龍王的威力，因此難陀和優波難陀龍王突然看見這個十四頭的龍王，心懷恐懼，二龍面面相覷，但是他們還是硬著頭皮想試試這個龍王的威力，到底能否勝過他們兄弟聯手。

於是，難陀、優波難陀龍王就以龍尾擲於大海中，激起的海浪灑到三十三天那麼高，卻還是沾不著目連所變化的龍身。這時，目連尊者也以尾著於大海中，海水甚至濺到乃至到梵迦夷天那麼高，把二位龍王淋成了落湯雞。

二位龍王看傻了眼，相互說道：「我們使盡力氣，才能把海水灑到三十三天，現在這個大龍王力量竟然比我們更大，灑得更高。我們只有七個頭，這個龍王卻有十四個頭；我們的身長只能遶須彌山七匝，這個龍王卻能遶須彌山十四匝。看來我們兩個要合力跟他拼了！」

兩位龍王又惱又氣，更加興起雷電霹靂，放出大火焰。目連尊者心想：「龍族戰鬥都是以火、霹靂，如果我也用相同的方式來應戰，那麼閻浮提內的眾生，及三十三天的天人都會被波及。我應該改變戰術，用極小來破極大，以免傷及無辜。」

於是目連就把自己的身體變得像蟲子一樣小的迷你小龍，進入惡龍口中，再從其鼻中出；再從其鼻孔進入，再從耳中出；或是入於耳中，再從眼中出；或是從其眼中出，在其眉上行走。

看到目連大小變化自如，二位龍王無比恐懼，心想：「這個大龍王的威力太大了！竟然能從我們的口中入，鼻中出；從鼻入，眼中出。我們兄弟今日實在甘敗下風！在龍族中從沒有龍王能勝過我們兄弟的，現在這個龍王威力如此強大，恐怕我們的死期到了！」二位龍王恐懼得汗毛皆豎。

目連看到龍王心懷恐懼，已經達到威嚇的效果了，就變化回平常的沙門形貌，在二位龍王的眼睫毛上行走。

龍王兄弟認出他來，鬆了一口氣，相互說道：「這是目連沙門嘛！根本不是什麼龍王，真是奇特！有如此大威力，與我們戰鬥。」

於是，二位龍王就對目連說：「尊者為什麼要來擾亂我們？您有什麼教敕嗎？」

目連又好氣又好笑，反問他們：「是你們自己先放火擾亂大眾到天上聽法的吧！」

龍王兄弟理直氣壯的回答：「誰要他們在我們頂上飛來飛去，根本不把我們放在眼裏嘛！」

「須彌山是地上通往諸天的道路，大眾要去忉利天聽法，當然會經過你們上空。雖然你們住在須彌山，領空也不是你們專有的。」

龍王兄弟聽了也覺得有理，就向尊者說：「請尊者原諒我們，不再重責，從今以我們兄弟二人再也不敢嬈亂眾生，興起惡念亂想，唯願聽從你的教敕，成為您弟子！」

目連說：「你們莫要歸依於我，我帶你們去皈依我的老師如來吧！」於是目連就帶著龍王兄弟前去皈依佛陀，成為護持佛法的法行龍王。

難陀龍王在密教中，位列於現圖胎藏界曼荼羅外金剛部院中，南、西、北三門之內側右邊。其形像是全身肉色，背後有七龍頭。其中，安於南門內者，左掌叉腰，右手持劍當胸；安於北門內者，左手伸食指、彎屈餘指置腰，右手持劍當胸。三昧耶形為荷葉上的劍。安於西門內者，左手豎掌置腰，屈食、中、無名三指執輪索，右手持劍當胸。三昧耶形為荷葉上的索。

真　言：南麼　三曼多　勃陀南　難陀耶　娑縛賀
namaḥ samanta buddhānāṃ nandāya svāhā
歸命　普遍　難陀　成就

大喜龍王優波難陀

優波難陀龍王(梵名Upananda)，意譯為「大喜龍王」或「賢喜龍王」。他是難陀龍王的弟弟，亦為八大龍王之一。

難陀和優波難陀龍王被目犍連尊者降伏之後，跟隨尊者到人間的舍衛國皈依佛陀。他們隱去龍身，化作人類的外形，身高不長不短，容貌端正，身如桃華色。三人一起來到世尊的處所，目犍連尊者以頭面禮世尊足，就在一旁坐下，然後對龍王兄弟說：「你們現在可以上前，向世尊祈請皈依。」

龍王兄弟們聽了之後，就從座位起立，長跪著叉手對世尊說：「我們二人是族姓之子，名為難陀，及優波難陀，自歸命如來，受持五戒，唯願世尊聽許我等為優婆塞在家居士，盡形壽不復殺生！」佛陀知道他們的身份，也彈指表示接受其皈依。於是，二位龍王回到本位，準備和大眾一起聽法。

這時，波斯匿王在王宮內，看到方才二龍王放出大煙火，心中便想：「是什麼原因，讓大地煙火瀰漫呢？」於是便乘著寶羽車出舍衛城，來到世尊的處所請

大喜龍王優波難陀

教佛陀。

法會中的人民遙見國王蒞臨，都紛紛起立恭敬迎接，只有二位龍王還是默默地坐著，並沒有起立迎接。波斯匿王進到講堂之後，奇怪的看了他們一眼。國王禮敬世尊之足，在一面坐下。

「世尊！我今天有所請問，唯願世尊能為我明白解答！」

波斯匿王說著。

「什麼事呢?」

波斯匿王於是說:「為什麼大地會忽然煙火瀰漫呢?」

佛陀告訴國王:「這是難陀和優波難陀龍王所造成的。不必擔心,現在已經沒事了。」

這時,波斯匿王轉頭注視方才沒有站起來迎接他的兩個人,心想:「這兩個人是從何而來呢?看到我堂堂波斯匿王來此,竟然也不起身迎接。如果是我境內的人民,應當捉起來囚禁,如果是別國的人民來此,如此無禮,應當捉來殺了!」

這時,龍王們知道波斯匿王心中所念,心裏非常生氣,心想:「我們與他無冤無仇,甚至一些擾亂也沒有,他竟然要殺害我們。好!我們一定要把他全國上下捉起來,殺個精光!」由於習性所致,他們忘了剛才皈依佛陀,也不聽法了,從座位起立,禮敬佛陀之後便離開了。

波斯匿王看見這二人離去,急著去追捕他們,隨即也稟告佛陀:「國事繁多,我先行告退。」

大王出了祇園，立刻就命臣下去追捕那二人，卻早不見其蹤影。

難陀、優波難陀龍王離開佛陀處所之後，越想越氣：「我們和那個國王無怨無仇，他竟然要加害我，不殺了他和他的人民，實難以消氣！」

但是轉念又想：「他國中人民有何過失呢？還是只取舍衛城人民殺害就好了。」

再想想：「不對，舍衛國的人民和我無怨無仇，還是殺死那個國王和官屬就好了。」

打定主意之後，他們就前往波斯匿王的王宮，準備擊殺他們。

佛陀對整個過程了然於心，就告訴目連：「你趕快去救波斯匿王吧！否則他恐怕要被難陀優波難陀龍王殺了。」

目連受佛教誡，頂禮世尊雙足之後，便退下而去；出現波斯匿王王宮上方虛空，結跏趺坐，令身隱藏不見。這時，龍王兄弟發出雷吼霹靂，降下暴風疾雨，打算摧毀王宮，又降下瓦礫石頭、刀劍兵器等如下雨般。但是這些武器在尚未掉到地面時，就全部化為美麗的蓮華，飄在虛空中。

龍王看了之後更生氣，就把整座巨大的高山丟到宮殿上；但是又被目犍連又將其化作種種上妙飲食。龍王看了更是火冒三丈，緊接著雨下各種刀劍；目連又將之化作極好的衣裳。龍王快氣炸了，又雨下巨大沙礫石塊，還是一樣在還沒掉到地上之前，就變成金、銀等七種寶物。

這時，波斯匿王絲毫不知道目犍連和龍王們，正在自己王的頂上激烈地攻防。他只看見宮殿中雨下種種七寶，歡喜踊躍，喜不自勝，他心想：「這個世界上除了佛陀之外，大概找不到比我更有德行的人了！連上天都雨下七寶，那豈不代表我能作統領世界的轉輪聖王了嗎？」於是他得意洋洋的領著宮女們拾撿天上降下的七寶。

兩位龍王感到莫名其妙，彼此說道：「這到底是怎麼回事呢？我們本來要加害波斯匿王；現在使盡一切變化之力，卻不能動他秋毫。」

這時，目犍連尊者才現出在虛空中禪坐的身形，龍王兄弟這才恍然大悟，這必定是目連的威力所致，於是兩位龍王便退走了。目犍連見到龍王離去，也回到祇園向佛陀覆命。

波斯匿王收取了天上掉下來的上好飲食、寶物，心想：「現在這種種飲食我不應先食，當先奉上供養如來，然後自已食用。」這時，波斯匿王就帶著珍寶及種種飲食，前往拜見世尊。

「世尊！這是王宮天空中雨下七寶及此上好飲食，唯願世尊納受！」波斯匿王喜不自勝地說著。

「你拿去供養目犍連尊者吧！因為他的緣故，你才得重生。」

波斯匿王滿臉疑惑的說：「世尊，為什麼說我『重生』呢？」

佛陀這才將他昨日無意間得罪兩位大龍王，龍王準備取他性命，及目犍連尊者和龍王兄弟在王宮上方激烈交戰等事，一一告訴波斯匿王。

波斯匿王恐怖得汗毛直豎，撲通跪下行至如來面前，稟白佛陀：「唯願世尊恩垂過厚，得以救濟我的生命！」接著大王又復禮敬目犍連雙足，以頭面禮敬道：「蒙尊者救命之恩，方才得濟生命！」

這是難陀、優波難陀兩位龍王，和波斯匿王和之間的一段故事。

優波難陀龍王和他的哥哥難陀龍王，都是佛教重要的護法，經常出現於佛陀說法的會場。當初佛陀誕生於人間時，也是優波難陀龍王和難陀龍王共同在虛空中吐出兩道水柱，一溫一涼，來淋灌太子之身。在密教胎藏界曼荼羅中，此龍王位於外金剛部中的南、西、北三門內左邊。有七龍頭，右手持刀、左手持羂索，乘雲而安往。

真　言：南麼　三曼多勃馱南　鄔波難陀曳　娑縛賀

namaḥ samanta-buddhānāṁ upanandāya svāhā

歸命　普遍諸佛　鄔波難陀（尊名）　成就

清涼無惱的阿耨達龍王

阿耨達龍王（梵名Anavatapta），意譯為「無惱熱」或「清涼」。為八大龍王之一，在一切馬形龍王中，以阿耨達龍王的德行最為殊勝，也因為此福報而得居住於阿耨達池（無熱池），遠離其他龍族經常恐懼的三種過患：

1被熱風、熱沙著身，燒灼皮肉骨髓的痛苦。

2龍宮內經常吹起暴風，將衣飾、寶物都吹走，龍身赤裸的窘態。

3除了阿耨達龍王之外，其他的龍王都會為大鵬金翅鳥闖進龍宮捕食龍族而煩惱。甚至金翅鳥只要生起一生起要捕食他的念頭，立即斂命。

經中並說阿耨達龍王經常興起大重雨雲，滿佈閻浮提，並降下大雨，使大地百穀草樹都得以滋長，江河山川池沼一切亦得以盈滿。這些大雨水是從耨達龍王身心所出生，因此能饒益無量眾生。

阿耨達龍王住在阿耨達池，意譯為「清涼池」、「無熱惱池」。相傳這個池是為閻浮提世界四大河的發源地。據《大毘婆沙論》與《俱舍論》所記載，阿耨達池位於大雪山之北，香醉山以南，周圍凡八百里，以金、銀、琉璃、頗梨等四寶裝飾岸邊，其池金沙瀰漫，清波皎鏡，阿耨達龍王即居住於其中。這個池中能出生清冷之水，阿耨達池的東邊為恆河出口，南邊為信度河，西為縛芻河（婆叉河），北為徙多河（斯陀河）。

傳說中的四大河

傳說我們居住的世界有四條最重要的河流。

四大河即恒伽河、新頭河、婆叉河，與斯陀河。在《長阿含經》卷十八〈閻浮提洲品〉中說：

「阿耨達池東有恆伽河，從牛口出，從五百河入于東海；阿耨達池南有新頭河，從師子口出，從五百河入于南海；阿耨達池西有婆叉河，從馬口出，從五百河入于西海；阿耨達池北有斯陀河，從象口中出，從五百河入于北海。」

這四大河分別是指：

(1)恆伽河（gaṅgā）：有稱之為「生天河」、「天堂來河」，即今之恆河，為印度三大河之一，發源於尼泊爾西北之喜馬拉雅山，初向南流，其後向東注入孟加拉灣。

(2)信度河（Sindh）：意譯為「驗河」即今之印度河（Indus），為印度三大河之一。發源於西藏西南隅開拉沙山（Kailas）之南，向西北流至喀什米爾北部，折而向南流經旁遮普，於喀拉蚩注入阿拉伯海。

(3)婆叉河（Vakṣu）：意譯作「胸河」、「青河」。相當於《漢書》所載之「媯水」，即今之奧克薩斯河（Oxus）。發源於帕米爾高原東南，向西北注入阿拉爾海（鹹海）。

(4)斯陀河（Śītā）：意譯「冷河」，相當於《漢書》所記載之「藥殺河」，即今之查可薩提河（Jaxartes），別名錫爾河（Sir-Daria）。發源於伊息庫爾湖（Issyk）南方之高原，流向西北注入阿拉爾海。

海中最尊勝的娑伽羅龍王

娑伽羅龍王（梵名Sāgara-nāgarāja），為八大龍王之一，也是觀音二十八部眾之一。音譯又作「娑竭龍王」，意譯為「海龍王」。「娑竭羅」是海名，此龍王為海中最尊勝故，所以名為娑伽羅龍王。雖然金翅鳥是龍族的天敵，但卻無法捕捉此龍王。在《起世經》卷五中記載：此龍王是金翅鳥王所不能捕取的，從來未曾被金翅鳥王之所驚動。在《長阿含經》卷十九中描寫其龍宮的樣貌：縱廣八萬由旬，宮牆有七重，七重欄楯，七重羅網，七重行樹，周匝嚴飾，皆是七寶所成，寶樹上常有無數眾鳥相互唱和而鳴。

此龍王之形象，依《千手觀音造次第法儀軌》所說，其身色赤白，左手執赤龍，右手握刀。

娑伽羅龍王是主降雨之龍神，古來修祈請求雨之法時，常以之為本尊。在《華嚴經》卷五十一記載：最殊勝的龍王娑竭羅，興起雲雨普遍覆蔭四天下，於一切處依其所需降下不同雨量，這是隨順因緣，其心中卻是平等，無有分別的。

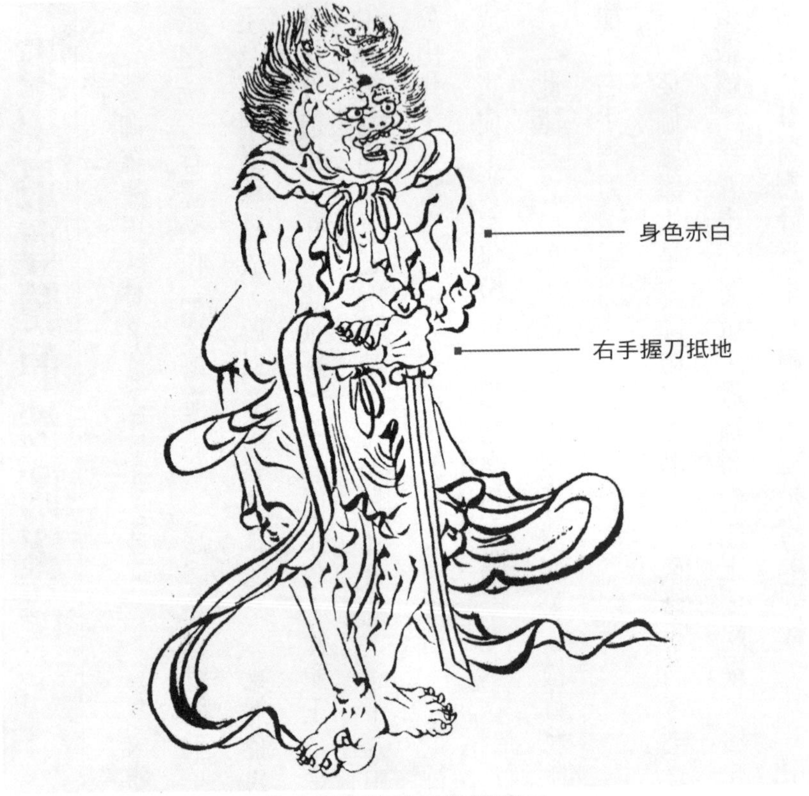

海中最尊勝的娑伽羅龍王

娑伽羅龍王亦為護法之龍神，在《法華經》、《華嚴經》中都有此龍王前來聽法、護持的記載。而《海龍王經》、《佛為海龍王說法印經》、《佛為娑伽羅龍王所說大乘經》及《十善業道經》等經，都是佛陀特地為此龍王所宣說的經典。

瞿波羅龍王與佛影洞

瞿波羅龍王（梵名Gopāla），音譯又作「瞿波梨」，意譯為「牧牛」、「地護」。是居住在北印度那揭羅曷國龍窟的龍王。在《雜阿含經》卷二十三中記載：佛陀將入般涅槃時，曾降伏阿波羅龍王、陶師、旃陀羅、瞿波梨龍。

在《大唐西域記》中，記載瞿波羅龍王如何成為佛教護法的故事。

在印度那揭羅曷國都城西南方二十餘里有一小石嶺，上建有伽藍，高堂重閣，以積石建造所成。其中有窣堵波，高二百餘尺，為阿育王所建。

在伽藍西南方，有深澗峭絕，瀑布飛流，懸崖壁立。東岸石壁有大洞穴，瞿波羅龍就住在這兒。此處門徑狹小，窟穴冥闇，崖石津滴，磴徑餘流。很早以前，從此洞中可以看見佛影，相好具足，就好像佛陀真的在裏頭一般。但是近代已來，就漸漸不見了，縱使偶有所見，也是依稀髣髴而已。除非有至誠祈請，有冥感者，乃能暫時明視，但尚不能持久。

佛影洞是怎麼來的呢？這一段故事和瞿波羅龍王有關。

往昔佛陀在世時，瞿波龍王本來是一個牧牛人，專門負責供給大王乳酪。有一次，因為進奉失宜，被大王譴責，他因此心懷恚恨，就買了一些鮮花，供養受記佛塔，並且祈願以此供花功德，迴向生為惡龍，破國害王。

發下這個惡願之後，他就以身撞石壁，自殺而死。死後果然居住於此窟，成為大龍王，正打算出穴，完成他前生復仇的誓願。

瞿波羅龍王才發起這個心念，佛陀已經完全明鑒了。由於愍念此國人民即將為龍王所害，佛陀運用神通力，從中印度來到此地。龍王看到如來圓滿相好，被佛陀大慈的光明照觸，毒心就止息了，願受不殺戒，守護正法。

龍王並向佛陀祈請：「願世尊常居此窟，及諸聖弟子，恒受我供養。」

佛陀回答他：「我即將要入滅了，但可以為你於此洞留下身影。我會遣五百羅漢聖弟子，恒常受你供養。如果你的毒心憤怒發起時，應當觀看我的留影，以如來身影慈善故，汝毒心當止息。在此賢劫中，未來的世尊，也會悲愍汝，皆於此留下影像。」

在佛影洞門外有二塊方石，其中一塊的石頭上有如來足蹈之痕跡，其足底千輻輪相還微微地顯現。在佛影窟左右兩旁有許多石室，都是如來聖弟子們入定之處。佛影窟西北隅有窣堵波佛塔，是如來經行之處。其側窣堵波中，有如來頭髮、指爪。在此不遠，有窣堵波，是如來宣說五蘊、十二界、十八處之法的處所。佛影窟西側有大磐石，相傳如來曾於其上洗濯袈裟，上面的痕跡微微影現。

頭上長樹葉的伊羅鉢多羅龍王

伊羅鉢多羅龍王（梵名Elāpattra），「伊羅鉢」是「香葉」或「藿香葉」的意思。

為什麼這位龍王會以「伊羅鉢多」為名呢？在過去迦葉佛出世時，他本來是一位比丘，居住在伊羅樹林中。有一次他摘了伊羅鉢華莖，到佛陀的處所請問：「世尊！如果比丘殺此草會得何等罪？」

佛陀回答：「以此因緣有可能會墮最苦地獄。」

比丘聽了之後卻不信不敬，故意去刺伊羅樹葉，心想：「我倒要試試看會有何果報！」比丘命終之後，投生為龍王，非常長壽。他的龍身非常巨大，橫跨波羅奈國及怛叉始羅國兩個國家。雖然他是一位具足威力的大龍王，但是卻有一件非常困擾他的事，就是他的七個龍頭上，經常會生出伊羅樹，因而膿血交流、蛆蟲嚼食，痛苦不堪。他活了很長的時劫，直到在波羅奈城遇見佛陀，受佛教化，佛陀並授記他在彌勒佛出世時，才會解除此龍身的業報。佛陀並勉勵他要好好修行，勿行暴惡。

釋迦牟尼佛滅度之後，世間許多國家的佛法也日漸衰敗。有一次，恒河彼岸俱閃彌國的佛教被消滅了，國內所有的僧人都被驅逐出國境，要出走到鄰國去，僧眾們長途跋涉，來到乾陀羅國界伊羅葉龍王所居住的海岸。這時海面巨浪翻騰，無法繼續趕路。伊鉢羅龍王看到海面的異象，又看到許多僧眾在此地聚集，感到很奇怪，就化身為一個老人，上前詢問。

「你們一大群人，要去那裏呢？」

眾僧回答：「我們本來住在赤面國，但是現在外道盛行，常住及精舍都被摧毀了，因此我們現在要前往大乾陀羅國。」

老人又問：「如果走陸路到大乾陀羅國，至少還要四十多天。你們人這麼多，糧食夠嗎？」

僧眾們黯然回答：「我們的糧食只夠吃二十天。」群眾中有人聽了就開始放聲大哭，一片愁雲慘霧。

伊鉢羅龍王看了非常不忍心，就說：「我知道有一條捷徑，不遠的地方有一座跨海的蛇橋，走那條路，很快就能到達大乾陀羅國。」

僧眾們聽了又燃起一線希望，朝著老人所指的方向繼續趕路。

於是伊鉢羅龍王就化現了一條登山小路，並將自己的身體變成一條巨蛇，橫跨於海上作橋。即使是跨過大海，兩國之間的路程還是得花上十五天之久，加上人潮不斷在上面行走，以身作橋，實在是超出龍王的負荷。但是他心想：「現在我如果幫助這些僧眾渡河，延續正法住世，即使為此而失去性命，那麼我先前所作惡業乃至現今受到的龍身之苦，正好可以解脫！」他發起這個願之後，就以身作橋。

逃難的人潮、牲畜不斷倉皇地湧上橋來，也有不幸落水的，景象極其悲慘。由於逃難的人群和牲畜每天絡繹不絕，伊鉢羅龍王的身體開始漸漸承受不住了，他的脊背開始破裂，鮮血不斷的淌出來，但是難民潮還是繼續不斷的湧上來，因此他的傷口越來越多，越裂越大，最後血流如雨下，連海水都被染成血紅。伊鉢羅龍王咬緊牙根忍耐著，希望護持所有的僧人都能通到彼國。但是走在比較後面的僧人們，卻被赤面國人阻擋住，不放他們通行。

伊鉢羅龍王看著那些被阻擋在橋下的僧眾們，他知道自己已經無能為力了。加他全身已經被踏得血肉模糊，所有的力氣都用盡了，最後終於墮入大海而死。

此生的生命結束之後，它也解脫了龍身的業報，得以投生至兜率天，在彌勒菩薩的淨土繼續修行。

《大唐西域記》中對伊鉢羅龍王居住的龍池有如下的記載：「大城西北七十餘里有醫羅鉢怛羅龍王池。周百餘步，其水澄清，雜色蓮華同榮異彩，故今彼土請雨祈晴，必與沙門共至池所，彈指慰問，隨願必果。」

這個水池的位置，應該在現今北印度怛叉始羅國首府遺趾夏德利（Shab Dhcri）西北十餘哩處，現在是錫克（Sikh）教聖地。

慈心大身的摩那斯龍王

摩那斯（梵名Manasvati），意譯作「大身龍王」、「慈心龍王」或「大力龍王」。為八大龍王之一。

摩那斯龍王的身長極長，能繞須彌山七匝，所以被稱為「大身龍王」。而此龍王主司降雨，他降雨時非常小心，不會突然降下暴雨，而是先積聚雨雲告示眾生，在七天內等大家都準備好了，他才緩緩降下微雨普潤大地。由於他興起雲雨時，都是以慈心行之，所以稱之為「慈心龍王」。在《法華文句》也提到某次阿修羅排山倒海要將喜見城淹沒，摩那斯龍王以身圍住善見城，作為防波堤，阻止海水。正因為他是一位這麼有威德的龍王，所以能成為一切蝦蟇形龍王之中最尊勝者。

摩那斯龍王、迦樓羅天、不動明王、金剛薩埵、觀自在菩薩此五尊，常被奉為修持止雨法的本尊。

在經典中，曾描述摩那斯龍王以智慧取勝金翅鳥王的故事。以前有一隻大鵬金翅鳥王，前往摩那斯龍王所居住的海域捕食。本來像摩那斯這樣的大龍王，金翅鳥是無法傷害它們的。但是那天摩那斯龍王心血來潮，想和金翅鳥王開一個小小的玩笑，就故意把龍身縮小，浮出海面讓金翅鳥捉走。

金翅鳥王抓著它回到自己居住的大樹，將龍王放在樹枝上。正想大快朵頤時。沒想到摩那斯龍王的身體卻越變越大，越來越長，很快就遍滿整個樹上，加上重量太重了，整棵樹都被壓倒摧壞了。鳥王不得已，只好把龍王放了。

鳥王因住處被龍毀壞，正悶悶不樂的煩惱著。這時，摩那斯龍王就變作可愛的天上童子，然後到鳥王居住的地方，安慰他：「好友，什麼事讓你這麼煩惱，默然獨住，起居不安？」

鳥王指著自己被壓壞的大樹說：「現在我被摩那斯龍損壞了住處，所以悶悶不樂。」

童子就回答它：「好友啊！你光是住處損壞就這麼煩惱，那些龍族的父母被你吃掉而失去親人眷屬，那樣的苦，你又怎麼說呢？更何況你如果還是執意要繼續吃龍，住處一定還是會被毀的。」摩那斯龍王這才現出原形，和金翅鳥王訂定和平協定，互相立誓不相侵害，永遠做好朋友。

不動明王的使者俱利迦羅龍王

俱利迦羅龍王（梵名Kulika），意譯為「尊勅」，由於其是由不動明王手中所持之劍變化而成，遵行不動明王的意旨，而有此名。

不動明王的使者俱利迦羅龍王

為什麼會有俱利迦羅龍王的出現呢？在《俱利伽羅大龍勝外道伏陀羅尼經》中記載，不動明王曾經在色究竟天與諸外道論師對論，雙方以神通變化一較高下。當不動明王化現智火之劍，外道之中最厲害的一者也化作智火之劍；於是不動明王智火劍再變為俱利迦羅大龍，一口吞下外道的智火劍，其氣衝出如二萬億雷同時鳴響，魔王與外道聞之，都驚怖而捨諸惡疑邪執。

俱利迦羅龍王的形像如同大龍纏於劍上，劍的周圍有熾盛焰火，額上有一角，劍上有札（a，阿）字。如果化現為人類的外形，則面目喜怒，被甲冑則如廣目天王，左手托腰持索，右肘屈曲持劍，頭頂置龍蟠，立於金剛山上。現在常看見的多是龍身纏劍的造像。以此尊為本尊之修法，能除病患魔障等。

第四章 夜叉等護世部眾

暗夜鬼魅——夜叉與羅剎

夜叉（梵文yakṣa），又作藥叉。意譯為「捷疾」、「威德」等，他們是止住地上或空中的鬼類。在印度神話中，夜叉原來是一種半神之小神靈，在印度民間常祭祀夜叉以求福。

夜叉有哪些種類呢？《大智度論》卷十二舉出三種夜叉：「地行」、「虛空」及「宮殿飛行」等三種夜叉。地行夜叉，常得種種歡樂、音樂、飲食等；虛空

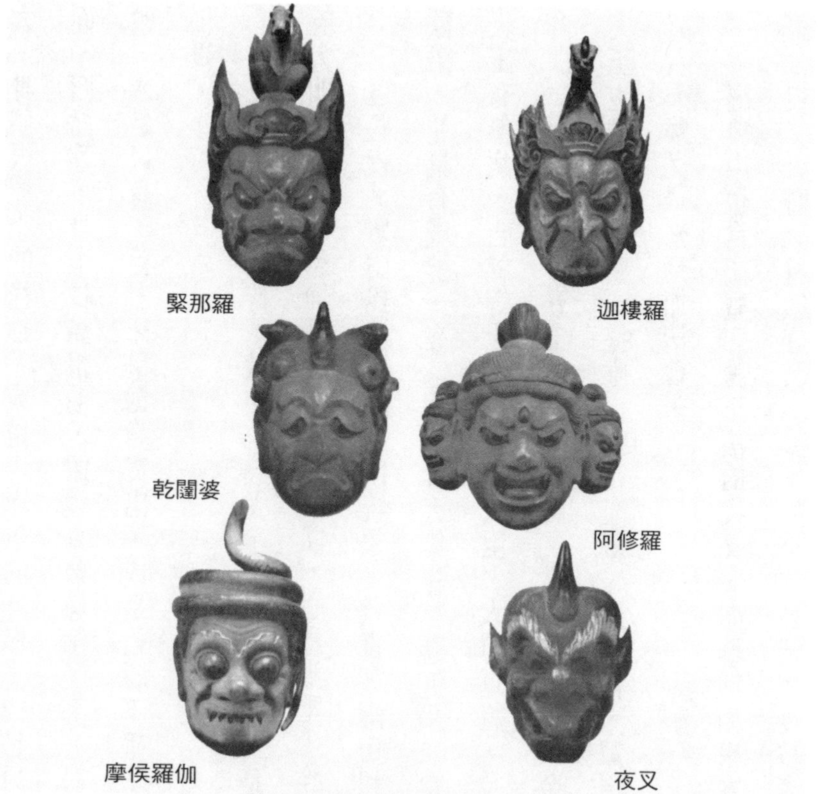

八部眾面（日本東寺藏）

夜叉，具有大力，可以在空中像風一般快速行走；宮殿飛行夜叉，有種種娛樂及便身之物。

夜叉中有兇惡的夜叉，經常惱害人類，也有善良的夜叉，以威勢來守護正法、護持修行者。

惱害人的夜叉，經常變化作種種形貌，如獅子、大象等等形貌，或是化作頭很大、身體很瘦小的怪物，或是青赤色的外形，或是只有腹赤，有時一頭兩面、三面、四面等，身上長滿粗毛，頭髮直豎像師子毛一般，或是一身二個頭，或是斷頭，或是只有一目，牙呈鋸齒突出，或是粗脣下垂……等等怪異形貌，使人非常怖畏。

他們手中有時持矛戟和三歧戈，或是捉劍，或是捉鐵椎，或捉刀杖，經常揚聲大叫，使見者恐怖畏懼，生大驚懼，心意錯亂迷醉，夜叉則趁機食人精氣。

這些夜叉眾由毘沙門天王所統領，負責守護忉利天等諸天及人間，受用種種歡樂，並具有威勢。在《大方等大集經》卷五十二〈毘沙門天王品〉記載，毘沙門天王有無病、吉祥等十六位夜叉大臣、大力軍將，及因陀羅、蘇摩、婆樓那、伊奢那、阿吒薄拘等五十位夜叉軍將。當佛陀宣說《金光明最勝王經》時，毘沙門天王也帶領著庵婆、持庵、蓮花光藏、蓮花目、顰眉、現大怖、動地、吞食等三萬六千藥叉眾來參加法會。

經典中也常記載守護正法的夜叉。如藥師如來本願經載，宮毘羅、跋折羅等十二夜叉大將，發願守護《藥師如來本願經》受持者。而在《陀羅尼集經》中則記載，達哩底囉瑟吒等十六大藥叉將，願護衛念誦「般若波羅蜜」者，也就是所謂的「般若十六善神」。

此外，藥叉和國土守護也有著密切的關係。例如，在《大毘婆沙論》中說，兩國交戰時，會由護國藥叉先行比鬥，《孔雀王咒經》中也記載著，鉤鉤孫陀等一九七名夜叉住於各國，守護國土，降伏怨敵。

據大日經疏卷五載，胎藏界曼荼羅外金剛部中，於北門置毘沙門天，其左右繪有摩尼跋陀羅、布嚕那跋陀羅等夜叉八大將。

羅剎意思是「可畏」、「速疾鬼」、「守護者」，是一種食肉的惡鬼，和夜叉相近的鬼類。

在《慧琳音義》說：「羅剎，此云惡鬼也。食人血肉，或飛空、或地行，捷疾可畏。」在印度神話中視其為惡魔，最早見於梨俱吠陀。相傳「羅剎」原來是印度土著民族的名稱，在雅利安人征服印度後，遂成為惡人之代名詞，演變到後來更成為惡鬼的代名詞。

傳說男羅剎為黑身、朱髮、綠眼，羅剎女則如絕美婦人，富有魅人之力，專食人之血肉。根據《佛本行集經》、《大唐西域記》等資料中記載，羅剎女國即是錫蘭島（楞伽島）。這個傳說，應該是源自印度古代之史詩《羅摩衍那》的故事。依據其中記載，故事中的男主角羅摩，曾經遠渡楞伽島（即今錫蘭島）討伐鬼王邏伐拏，救出被羅剎擄走的愛妃悉達。此外，也有說是因為南印度住民原有噉食人肉的風俗，而被稱為「羅剎國」。

此外，也有說羅剎是地獄裏的獄卒，守門負責懲罰罪人。如《大智度論》中說：「惡羅剎獄卒作牛、馬等種種形，吞噉、嚙嚙罪人。」《俱舍論》中則說：「琰魔王使諸邏剎娑，擲諸有情置地獄者。」它們有各種形狀，或牛頭人手，或具有牛蹄，或為鹿頭、羊頭、兔頭等，力氣很大。

在《佛母大孔雀明王經》卷中記載著守護眾生的一髻羅剎女。她住在大海岸旁，以血氣香為食，能於一夜中行八萬踰繕那之里程。常衛護處胎、初生，或已生的菩薩，並以佛母大孔雀明王真言守護行者及其眷屬。

經典中，也有許多守護正法的羅剎，如《法華經》中就記載有藍婆等十羅剎女，誓言守護持誦《法華經》者。此外，《孔雀王咒經》卷下亦列有八大羅剎女、十大羅剎女、十二大羅剎女、七十一羅剎女等名。

在密教中，羅剎被列於胎藏界及金剛界曼荼羅外金剛部西南隅之天部，稱為羅剎天，其左右共有四童子，右側二位為羅剎童男、羅剎童女。

鬼神大將—阿吒婆拘爾(散脂大將)

阿吒婆拘爾大將(梵名samjñeya),又被稱為「僧慎爾耶大藥叉」、「散脂大將」等等。意思是「正確的了知」。

在《金光明最勝王經》中,阿吒婆拘爾大將曾經佛前自己說為什麼自己會有此名:「世尊!何故我名正了知?此之因緣是佛親證,我知諸法,我曉一切法,隨所有一切法,如所有一切法,諸法種類體性差別,世尊,如是諸法我能了知,我有難思智光,我有難思智炬,我有難思智行,我有難思智聚,我於難思智境而能通達。世尊,如我於一切法,正知正曉正覺能正觀察,世尊,以是因緣我藥叉大將名『正了知』。」

阿吒婆拘爾大將為北方毗沙門天王八大將之一。有說他是鬼子母訶帝利的次子,父名德叉迦,也有說他是鬼子母的丈夫。

在《觀佛三昧海經》中記載,阿吒婆拘爾大將的外形非常醜惡可怖,胸部有三面,臍有兩面,兩膝有兩面,其面如象,獠牙似犬,眼中出火,火皆下流。

鬼神大將一阿吒婆拘爾

他同時也是二十八部藥叉的統令，護持佛法不遺餘力，經常率領其部眾眷屬，參與法令，護持正法行人及守護諸佛法。在《金光明最勝至經》中並說，此經流布之處，阿吒婆拘爾大將與其二十八部藥叉諸神，且能使說法師言詞辯了，具足莊嚴，也能守護行者身力充足，威神勇健，諸根安樂，常生歡喜等等殊勝利益。

聽法及受持此經者，也會蒙其救護攝受，令無災橫離苦得樂。由此可見阿吒婆拘爾大將對佛法的擁護及悲願。

護持五戒的羅剎

以前有一個商人名叫薩薄。他聽人說鄰國有奇異的珍寶，就想前往取寶。但前往的路途卻是非常危險，經常有羅剎出沒，危害來往的旅人，所以雖然薩薄心中有這個打算，卻也顧忌著而未成行。

有一天，薩薄來到街上，看見前頭圍了一群人，像在看什麼稀奇的東西。他擠進去一看，原來是有人在賣「五戒」。這倒是很新奇，他買賣過各種奇珍異寶，卻從來沒聽過「戒」也可以買賣的。那個叫賣的人眼尖，看到薩薄有興趣，更鼓起如簧之舌，說如果買了五戒就等於受了五戒，不但將來死後可以生天，遇到羅剎還可以聲稱自己是釋迦牟尼佛的五戒弟子，就可以全身而退。老實的薩薄，心想這真是太好了！就付了千金，向這個人買了「五戒」。

既然已經有不怕羅剎的法寶，不久之後，他就動身前往鄰國取寶。當他走到二國的國界附近時，傳說中吃人的羅剎果然出現了。它們察覺到有人類靠近，立刻群湧而上。它們個個身長一丈三尺，頭黃如囊一般，眼如赤丁，遍身鱗甲，開口就像魚鼓動鰓一般，口中還不斷的流著涎血，直向薩薄撲捉而來。薩薄立刻照那個賣他五戒的人教他的法子，急忙開口直呼：「我是釋迦五戒弟子！」

但是這些羅剎並不是守護佛法的羅剎，所以薩薄喊破喉嚨也沒用。薩薄一再奮力抵抗，不肯乖乖束手就縛。羅剎見薩薄仍在作困獸之鬥，便嘲笑他不自量力，沒有人能從羅剎手中脫逃的。薩薄本來想大聲開罵，忽然心念一轉，想到自身在三界中輪迴不休，卻從不曾以身佈施他人，不如趁今日的機遇，布施一己之身，讓羅剎眾得一頓飽食，而以此布施功德求成無上正覺。

他的心意一決定之後，也不再抵抗，就對羅剎們說了以下的偈頌：「

我這個腥臊的色身，早就希望脫離。

各位羅剎朋友，你們剛好幫了我一個大忙，

讓我將此身布施給你們；

我願以此佈施的功德，志求大乘法，圓滿成就一切智的佛果。」

羅剎們聽了薩薄的心意與志願，深深的受到感動，不但放開薩薄，更在薩薄面前長跪合掌，深切悔過，並恭敬地說偈讚歎：「您是度化眾人的導師，真是三界希有。您一心志求大乘之法，不久一定會成佛。因此我們歸命於您，以頭面稽首，向您致上最崇高的敬意。」

後來，這群羅剎們不但護送薩薄到鄰國取得珍寶，還送他安然返回家鄉。

半神半人的樂師——乾闥婆

乾闥婆（梵文gandharva），意譯為「食香」、「尋香」等名，因為他們不食酒肉，唯以香氣為食物，因而有此名。

在印度神話中，乾闥婆原來是半神半人的天上樂師，是帝釋天屬下職司雅樂的天神。根據《大智度論》卷十所記載，犍闥婆王至佛所彈琴讚佛，三千世界皆為震動，乃至摩訶迦葉都不安於座。

此神經常住在地上的寶山之中，有時上昇至忉利天演奏天樂，他們善於彈琴，並能演奏種種奇妙的雅樂。乾闥婆是四天王天之中，東方持國天的部屬，為守護東方的護法，同時也是特別擁護觀音菩薩的二十八部眾之一。

乾闥婆長得什麼模樣呢？有很多種不同的說法，有說其身上多毛，為半人半獸，也有說其丰姿極美。在《補陀落海會軌》記載乾闥婆的形象：頂上有八角冠，身相為赤肉色，身如大牛王，左手執簫笛，右手持寶劍，具大威力相，髮髻有焰鬘冠。

半神半人的樂師—乾闥婆

印度人將幻現於空中的樓閣山川，也就是一般所說的海市蜃樓，稱為「乾闥婆城」。佛經中也常用乾闥婆城來形容諸法的如幻如化。如《大品般若經》所說：「解了諸法，如幻如焰，如水中月，如虛空，如響，如犍闥婆城，如夢，如影，如鏡中像，如化。」

密教中有一位乾

闥婆神王，全名為「旃檀乾闥婆神王」，是專門守護胎兒及孩童之神。傳說在胎兒誕生之時，常會有夜叉羅剎喜歡噉食或傷害胎兒，又有彌酬迦等十五個鬼神，常常遊行世間，常會驚嚇到嬰孩小兒。如果有人誦讀乾闥婆神王陀羅尼，誠心祈求，那麼鬼神就不能侵擾。因此乾闥婆又被視為小孩特別的守護神。

忿怒天王—阿修羅

阿修羅（梵名Asrua），又作阿素羅、阿素洛等。意譯為「非天」、「不端正」等。「非天」是說他的果報和天人一樣殊勝，住所鄰次於諸天，卻沒有天人的德行，所以和天人不同。「不端正」是指阿修羅的長像如同怪物一樣，非常可怖。阿修羅原來是印度最古老的惡神之一，與帝釋天率領的天族是死對頭。

修羅道同時也是六道之一（六道：天、人、修羅、畜牲、餓鬼、地獄）。那一些眾生會投生到修羅道呢？經中說，具有瞋心、驕慢心、疑心等三種強烈習性的眾生，會投生於修羅道。此外，如果將所行一切善事功德，祈願投生修羅道的人，投生為阿修羅的機率也比平常人大。

阿修羅依出生的方式不同，又可分成四類。在《楞嚴經》中記載，阿修羅有四種出生的方式，分別有不同的特性：

1卵生阿修羅：這是鬼道的眾生依靠小神通而入空中，入於阿修羅的卵而出生，特性和鬼道比較相近。

阿修羅王與其眷屬

2胎生阿修羅：

這是天上的天人因降德遭貶墜，投胎成為阿修羅。他們所居住的地方，鄰於日月。這種阿修羅從胎出生，特性和人類比較相近。

3濕生阿修羅：

這是阿修羅道中較低下者，他們白天在虛空遊蕩，晚上回到大海的水穴口棲息，這類阿修羅因濕氣而出生，特性和和畜生道的眾生較相近。

4化生阿修羅：這是一類有大勢力的阿修羅，他們能執持世界，與梵王、帝釋天、四天王相抗衡，此種阿修羅因變化而有，特性和天道眾生較相近。

阿修羅的寶物－阿修羅琴

阿修羅的福報很大，不但住處非常華麗，還擁有許多寶物。其中一個就是「阿修羅琴」。這個琴是阿修羅眾所特別擁有的，因此特別稱為「阿修羅琴」。當阿修羅想聽任何一種音樂、歌曲，「阿修羅琴」會自然彈出悅耳的樂聲。

阿修羅住在哪裏呢？關於阿修羅的住處，經典中有許多相關的記載。像《起世經》卷五〈阿修羅品〉中，敘述有四大阿修羅王住在須彌山四面海中，即：

(1)在須彌山之東，距山千由旬的大海下，有碑摩質多羅阿修羅王的住處，縱廣八萬由旬，有七重城壁，其中摩婆帝宮城為修羅王的居止處，縱廣一萬由旬，城中央有集會處，稱為「七頭」。「七頭」的周圍有四座園林，王與諸小阿修羅輩於此園林遊戲。

(2)在須彌山的南面，過千由旬的大海水下，有踴躍阿修羅王的住處。

(3)須彌山北面千由旬的大海水下，有羅睺羅阿修羅王的住處。

(4)須彌山西面千由旬的大海水下，有奢婆羅阿修羅王的住處。

後三住處各縱廣八萬由旬，七重城壁等悉如碑摩質多羅的住處。

在《長阿含經》卷二十〈世紀經阿須倫品〉則說：須彌山北大海水底，有羅呵阿須倫城（阿修羅城），縱廣八萬由旬，其城七重，以七寶成。大海水被風懸處於虛空之中，猶如浮雲，距阿修羅的宮殿還有一萬由旬那麼遠，不會墮落下來。

城高三千由旬，廣二千由旬。其城門高一千由旬，廣千由旬，金城銀門，銀城金門。其阿須倫王所治小城，當大城中，名輪輪摩跋吒，縱廣六萬由旬。

於其城內別立議堂，名曰七尸利沙，堂牆七重，七寶所成。議堂下的地基純以車渠製成，其樑柱純以七寶打造。議堂的北邊有阿須倫宮殿，東邊和南邊各有一座廣大的園林，分別叫做「娑羅」和「極妙」。園中的水池長出巨大的香花，根部像牛車的輪軸那麼粗，汁液流出的顏色如同純白的牛奶，味道非常甘美，如同蜂蜜一般，無數眾鳥相和而鳴。水池旁邊有七重階亭，都是以七寶所建成。

阿修羅與天人向來是世仇，經常互相爭鬥，尤其是阿修羅王和帝釋天經常戰爭，常要勞動佛陀出面調停。

阿修羅的寶物—預知未來的寶池

在羅阿修羅地底下二萬一千由旬。又住有另一位阿修羅王，名為陀摩阿修羅王，意譯為花鬘。他所住的大城，名叫「雙遊戲城」。縱廣八萬由旬，其中園林茂，有清徹的泉流浴池，上有蓮花輝映裝飾，並以青毗琉璃為地，地上生出種種綠草，柔軟可愛，種種眾鳥，音聲和雅。一切阿修羅眾，都住在其中，充滿國界，豐樂富足，生活安隱。園林景觀，也如同光明城。

在陀羅阿修羅王的首都星鬘城裏，有一個大水池，叫做「一切見池」。池中的水非常清淨、美味，不但沒有任何污泥混濁，連輕微的雜垢污染也沒有，清徹湛然，即使飲用也無有損減。但這還不是最奇特的。這個寶池就和它的名稱一樣，能預見未來。每當陀摩阿修羅王要和天神鬥戰時，出征之前都會莊嚴器仗，圍遶池邊，觀察自身，就像照鏡子一般。

如果他看見池中的自己，倉皇敗退而走，就知道這次天神必定會打勝仗，如果，看見池中自身倒臥，就知道這是戰敗死亡的徵兆。

有一天，陀摩阿修羅王從池水中，看見自己逃走墮下。心知這是不祥之兆，而且看見天神的部眾日漸增多，而修羅眾日益減少，知道是因為人間多行善事，所以天眾增盛，因此就聯合了惱亂龍王、奮迅龍王、迦羅龍王等惡龍，企圖擾亂人間，使人間不得安定，但最後並沒有成功。

阿修羅與天神的戰爭

在諸大阿修羅王裏，有一位毗摩質多阿修羅王。傳說他是光音天的人和水精的後代。成人之後，他娶了香山樂神乾闥婆女為妻。乾闥婆女懷胎八千年，才生下一個女兒，她長得非常美麗，就算是天上的天女也比不上她。她的風情萬種，所有的阿修羅見了她，無不驚為天人，她一出現，宛如明月處星於眾之中，連帝釋天王也慕名而來求婚。阿修羅和天神之間經常打仗，現在兩族能下親家，也是喜事一樁。阿修羅王便很高興的把女兒嫁給帝釋天。

帝釋天娶為她立號為「悅意」，一切天人看見悅意，都歎未曾有，只要看到悅意就魂不守舍，看東邊就忘了西邊，看南邊就忘了北邊，甚至連毛孔都生起無窮的快樂。

但是，過了不久，悅意發現自己並非獨享帝釋天的愛情。有一天，帝釋和許多宮女一起在園裏的水池中嬉戲，悅意看了不禁妒火中燒，立即派遣五大夜叉向父親告狀：「現在帝釋不再寵愛女兒，竟然丟下我，和婇女在池中遊戲！」

毗質摩多阿修羅王聽了非常生氣，立即率領修羅大軍前往攻打帝釋天。他站在大海水中，踞於須彌山頂，用他的九百九十九隻手，同時撼動帝釋天所居住的喜見城，並搖撼須彌山，使四大海的海水發生了巨浪。帝釋天被這突如其來的大地震嚇得慌恐失措，一時不知道該逃往何處躲藏。當時天宮有天神，稟告天王：「大王您不要驚佈，過去佛陀曾說般若波羅蜜，大王您當一心誦持，修羅鬼兵自然粉碎！」

於是帝釋趕緊安坐於善法堂，燒焚眾多名香，發起大誓願：「般若波羅蜜是大明呪，是無上呪，是無等等呪，審實不虛，我持此法。當成佛道，令阿修羅自然退散！」天王說是此語時，於虛空中有刀輪，因為帝釋天功德的緣故，自然降下當於阿修羅之上，於是阿修羅的耳朵、鼻子、手足等一時皆被刀輪割截掉，大海水也被染得血紅。於是阿修羅生起大驚佈，又無處可逃，只好以神通化成極小，逃入於藕絲孔中。

捕食龍族的巨鳥——金翅鳥迦樓羅

迦樓羅（梵名garuda），意思是「金翅鳥」，也就是「大鵬金翅鳥」，原來是印度神話中，一種性格猛烈的大鳥。也有說其出生時，身光赫奕，諸天誤認是火天而禮拜之。在佛教裏，它是屬於天龍八部眾之一。

依據佛典所記載，迦樓羅的翅膀是由眾寶交織而成，所以又稱為「金翅鳥」或「妙翅鳥」。它的兩翅一張開，有數千餘里，甚至於數百萬里那麼大。《經律異相》中甚至說，金翅鳥所搧起的風，如果照到人類的雙眼，那人就會失明。

迦樓羅是龍族的天敵，經常到龍宮捕龍為食，所以龍族將被金翅鳥捕食，列為龍族三大災害之一，經典中也常見龍族與迦樓羅的故事。

在中國的傳統小說裏，膾炙人口的《說岳全傳》，就是運用與迦樓羅有關的故事，來作該書的楔子。該書說：岳飛原來是金翅鳥王轉世，秦檜即是前生曾被金翅鳥啄傷左眼的龍王。女真國的金兀朮，則是赤鬚龍所轉世。為了平服這些龍王轉世所興起的劫難，所以佛陀才派金翅鳥降生人間。這種神話，明顯可以看出

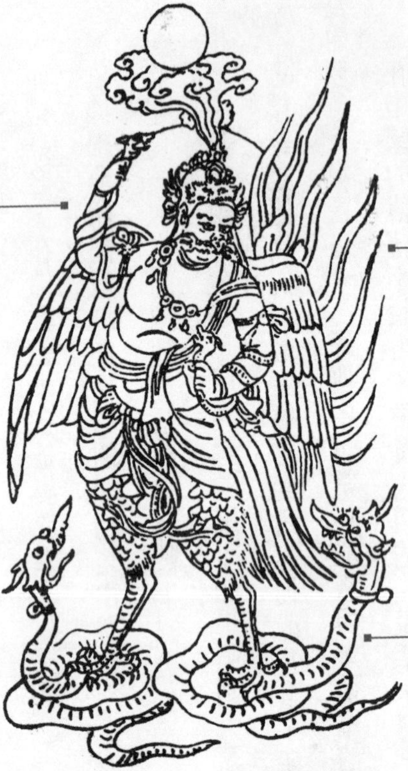

捕食龍族的巨鳥—金翅鳥迦樓羅

佛教故事對中國小說的影響。

迦樓羅最大特色是以龍為食，但像娑竭龍王、難陀龍王、跋難陀龍王、伊那婆羅龍王、提頭賴吒龍王、善見龍王等這些大龍王，金翅鳥卻無法傷害它們。甚至是住在這些龍王附近的龍族，金翅鳥也不敢靠近捕食。

而《立世阿毗曇

論》中還記載著，由於金翅鳥常將龍捉到樹上食用，剩下的龍骨殘骸，猶如象骨，滿地狼藉，臭氣充滿四大洲。

有趣的是，由於迦樓羅和龍都敬畏佛法，因此，當迦樓羅要抓龍來吃的時候，如果龍用僧人的袈裟披身，則迦樓羅便不敢加以捕食。

在《佛說海龍王經》中，曾有嗡氣、大嗡氣、熊羆、無量色等四位龍王，同向佛祈求護蔭，期能免除被金翅鳥噉食的恐懼。於是世尊脫下身上的袈裟交給龍王，並告訴龍王，只要龍族的眾生身懷此衣之一縷絲線，以佛陀的威神力，金翅鳥就不能侵害他們了。《增一阿含經》〈等趣四諦品〉中，佛陀也說，如果是經常親近事奉佛陀的龍王，金翅鳥就不能傷害它們。這是因為佛陀恆行慈、悲、喜、護四心的緣故。

除了一般的金翅鳥之外，在八十卷《華嚴經》中，更列舉有大速力迦樓羅王、無能壞寶髻迦樓羅王、清淨速疾迦樓羅王、心不退轉迦樓羅王等諸迦樓羅王的尊名，這些金翅鳥王都是已經具足成就大方便力，善能救度攝受一切眾生。

《法華經》裏也舉出有大威德、大身、大滿及如意四大迦樓羅王，各與其百千眷屬，一同來參加佛陀宣講《法華經》的法會。

由於迦樓羅的性格勇猛，它的身體死後，心臟即使經猛火焚燒許久，也毫無損壞，因此在密法中以其象徵勇健菩提心，並且有以其為本尊的各種修法。

而在胎藏曼荼羅中，迦樓羅位列於外金剛部院。並且有以這種鳥為本尊的各種修法。以迦樓羅為本尊的修法，主要是去除疾病、止息風雨、躲避惡雷而修的秘法，稱之為「迦樓羅法」或「迦樓羅大法」。

在《迦樓羅及諸天密言經》記載，凡是修持此法門者，天上天下皆能過，不只眾人冤敵不敢接近，連鬼神也不敢近。又根據《覺禪鈔》迦樓羅的法軌記載，修此法可求得財寶，降下雨雪、召請龍王來、去除蛇難、破散軍陣、降伏怨家，能獲人敬愛、去除病患，召喚遠處之人、召請魚類等種種殊勝功德。

迦樓羅的形像有很多種，像印度山琦大塔遺蹟中之迦樓羅，只是單純的鳥形，但流傳於後世的形像則大多為頭翼爪嘴如鷲，身體及四肢如人類，面白翼赤，身體金色。

金翅鳥從龍受八關戒

在《菩薩處胎經》中，記載著以下的故事。在過去無數劫前，佛陀的本生曾經是一個大金翅鳥王，它的福報很大，所居住的宮殿皆以七寶所建成。它的身長八千由旬，左右兩翅各長四千由旬。

有一天，它一如往常到海面覓食捕捉龍族。它的巨翅搧起巨浪，破開海水，在水面尚未閉合時，它銜捕到一隻龍。它銜著這條龍，飛到須彌山北的大鐵樹上，準備好好大吃一頓。

金翅鳥吃龍的時候，習慣是由尾巴吞起，於是鳥王便開始找龍的尾巴。這株大鐵樹，樹高六萬由旬，金翅鳥將龍掛在樹上，但從樹上找到樹下，上上下下找了好幾次，還是找不到龍尾在那裡。鳥王感到很納悶，決定先不吃它。

隔天早上，這龍才露出尾巴，並告訴金翅鳥王：「我是龍族中層級最高的『化生龍』，以我的威力，如果不是昨天持八關齋戒，你早就被我銷為灰滅了！」

金翅鳥昨天已經領教了此龍威力，現在又知道它持八關齋戒，心中更加敬重，責怪自己有眼不識泰山，更讚歎佛陀的威神甚深難量。於是它邀請龍子到自己的七寶宮殿遊玩。

龍子隨鳥王返回七寶宮殿後，鳥王就向龍子請求：「我的眷屬不曾聞得如來八關齋法，唯願您指授禁戒威儀，祈使我們眷屬命終後能投生為人。」

於是龍子很歡喜的依照儀軌教他們持八關齋戒，金翅鳥和眷屬們也發願受持佛法。

天上的歌神——緊那羅

緊那羅（梵名Kiṃnara），意思是「人非人」、「疑神」，這是由於他們的外表和人類極為相似，但是頭上卻長了角，看起來像人又不是人，像天又不是天，令人疑惑不定，因而有此名。

此外，緊那羅也譯作「歌神」、「樂神」，這是因為諸天在舉行法會時，經常由緊那羅擔任音樂演奏。緊那羅有美妙的音聲，又能作歌舞，男性緊那羅馬首人身，善於歌唱，而女性則面貌端正秀麗，能作妙舞，常嫁給乾闥婆天為妻室。

在許多大乘經典中，我們常可看見緊那羅眾，常列席於佛陀的說法會中，以歌伎舞樂來供養讚歎佛陀。像八十卷《華嚴經》中，即列有善慧光明天緊那羅王、妙華幢緊那羅王、種種莊嚴緊那羅王、悅意吼聲緊那羅王、寶樹光明緊那羅王、見者欣樂緊那羅王、最勝光莊嚴緊那羅王、微妙華幢緊那羅王、動地力緊那羅王、攝伏惡眾緊那羅王等十位緊那羅王，與無量緊那羅眾一同前來參與華嚴法會。他們各自證得一種解脫法門，皆勤精進，觀一切法，心恆快樂，自在遊戲。

天上的歌神—緊那羅

在《大樹緊那羅王所問經》卷一中，大樹緊那羅王與無量的緊那羅、乾闥婆、諸天、摩羅伽等，一起從香山來朝禮佛陀，它們在如來前彈著琉璃琴，連一向以頭陀行著稱的大迦葉等尊者，都歎息的說這音樂確實鼓動人心，連他們也無法不動心。

在《大寶積經》

〈緊那羅授記品〉中記載，大樹緊那羅王與其八億眷屬，於佛前皆得佛受記，皆於「常照曜」劫中得成無上道。

在密教中，緊那羅為俱毗羅的眷屬，位於阿闍梨所傳曼荼羅圖位中北方第三重；在現圖胎藏曼荼羅中，於外金剛部院北方，列有二尊緊那羅。俱呈肉色，一於膝上安置橫鼓，另一於膝前安置二豎鼓，皆作欲擊鼓之勢。

《法華曼荼羅威儀形色法經》則描述，妙法緊那羅王像為麞鹿馬頭面，身相赤肉色，執持音聲器，又身裸形相。

用音樂說法的大樹緊那羅王

大樹緊那羅王（梵名Druma-kiṃnara-rāja），是諸多緊那羅王中，最廣為人知的一位緊那羅大菩薩。

在《大樹緊那羅王所問經》中記載著，大樹緊那羅王要來拜見佛陀時，先示現種種瑞相：首先三千大千世界上方虛空中有諸多天子，隱身而演奏各種不同的樂器。聽到這個美妙的樂音之後，雪山王、香山王中所有諸天，更倍出妙香，讓這三千大千世界充滿了各種廣大不可思議的妙香。空中並雨下各種妙花，不斷流向佛陀，乃至遍滿三千大千世界。

隨後，大樹緊那羅王與無量緊那羅眾、乾闥婆眾、天眾，摩羅伽眾，從香山來拜見佛所，在佛前彈奏琉璃琴。這個琴音三千大千世界都聽得到，而這個琴音聲和美妙的歌聲，讓欲界諸天的音樂都隱蔽不現。於是欲界所有諸天，都停止演奏手邊的音樂，被吸引來來佛陀這裏。

當大樹緊那羅王當鼓琴時，三千大千世界所有叢林、諸山，像須彌山王、雪山、目真隣陀山、摩訶目真隣陀山、黑山，及各種藥草、樹木、叢林都情不自禁地舞動著，就像有人醉酒醉得很厲害，前卻顛倒，不能自持。

這時，在佛陀身邊的大眾，除了證得不退轉位的菩薩之外，其餘一切諸大眾等，聽到這個琴聲及樂音，都情不自禁地從座位上起舞，連一向注重戒律威儀的聲聞大眾，聽到這個琴音樂音，也都不能自制的從座位上站起來，改變了平常的肅穆威儀，手足舞蹈，就像小孩子跳舞嬉戲，高興得不能自已。

大眾有一位天冠菩薩覺得很奇怪，怎麼連這些具足威儀的聲聞聖者都跳起舞來了呢？就問大迦葉尊者：「您一向修行頭陀行，常樂於空寂，怎麼會不能自制地跳起舞來了呢？」

大迦葉嘆了一口氣，回答他：「這就像是強力的旋風吹動著樹木、藥草、叢林，它們怎能抵擋得住呢？並不是它們心裏樂於這樣，只是被風鼓動，不能自持。善男子啊！現在這位大樹緊那羅王鼓作琴樂，妙歌和順，諸簫笛音鼓動我心，就好像旋風吹諸樹身，令人不能自持。」

大樹緊那羅王更配合琴聲宣說一切音聲都是從虛空所出生，更說空、無相、無願三解脫門與無生法忍等甚深法義。

接著，大樹緊那羅王更請佛陀至香山香山接受緊那羅大眾七夜供養，佛陀也為它們宣說清淨的佈施、持戒、忍辱、精進、禪定、智慧、方便等七種波羅蜜。佛陀也為大樹緊那羅王的八千位王子說法，解除疑惑。

後來，佛陀並為大樹緊那羅王授記，說其過六十八百千億劫之後，當得作佛，名號為「功德光明如來」，國名為「無垢月」，時劫的名稱為「有寶」。那個無垢月世界，地平如掌，以白琉璃為地，如同月色一般極淨無垢，也沒有各種荊棘瓦礫沙石，只有妙寶台安住虛空中。許多菩薩等在地經行，時兩邊有功德王光明如來世尊像現。彼佛國土無有女人，眾生都是化生，學習純一大乘法。

為什麼中國寺院的廚房中常供奉大聖緊那羅王菩薩？

在中國寺院廚房中，經常供奉有大聖緊那羅王菩薩。相傳這是因為有一座寺廟，遭到強盜的搶劫騷擾，眼看寺院就要不保了，偏偏寺裏的出家人，又想不出好的計策。就在這時，廚房裏突然衝出一位伙頭師傅，拿了一把大鏟子出來，奮力揮舞，一下子就把強盜都趕跑了。寺裏面的人都沒見過這個伙頭師傅，要去追他，他卻立刻不見了蹤影。這就是傳說中與廚房有密切因緣的緊那羅王菩薩。其實，佛經中只記載著「大樹緊那羅王菩薩」。

巨大的蟒神－摩睺羅伽

摩睺羅伽（梵名Mahoraga），譯為「大腹行」、「大蟒神」，這是指摩睺羅伽是無足，以腹部行走的大蟒神。

《慧琳音義》中說摩睺羅伽是樂神之類的生物，他的外形為蛇首人身。在《維摩經略疏》中則說其是世間廟神，受人類祭拜的酒肉供品，都入於蟒腹。其中並說，如果有毀壞戒律，邪見諂曲，平時多嗔恚而少佈施，貪嗜酒肉者，就容易墮入此身。

在佛典中常見其與其他天、龍八部眾等一起參與佛陀法會，守護佛法。例如，在新譯《華嚴經》卷一〈世主妙嚴品〉中，曾舉出：「復有無量摩睺羅伽王，所謂：善慧摩睺羅伽王、清淨威音摩睺羅伽王、勝慧莊嚴髻摩睺羅伽王、妙目主摩睺羅伽王、如燈幢為眾所歸摩睺羅伽王、最勝光明幢摩睺羅伽王、師子臆摩睺羅伽王、眾妙莊嚴音摩睺羅伽王、須彌堅固摩睺羅伽王、可愛樂光明摩睺羅伽王……，如是等而為上首，其數無量。皆勤修習廣大方便，令諸眾生永割癡網。」

巨大的蟒神—摩睺羅伽

經中並提到這些摩睺羅伽王，依序各得得以一切神通方便令眾生集功德解脫門、得使一切眾生除煩惱得清涼悅樂解脫門、得普使一切善不善思覺眾生入清淨法解脫門、得了達一切無所著福德自在平等相解脫門、得開示一切眾生令離黑闇怖畏道解脫門、得了知一切佛功德生歡喜解脫門、得勇猛力為一切眾生救護主解脫門、得令一切眾生隨憶念生無邊喜樂解脫門、得於一切所緣決定不動到彼岸滿足解脫門；得為一切不平等眾生開示平等道解脫門。

在密教的圖像中，現圖胎藏界曼荼羅中，北邊安有三尊摩睺羅伽。其中央一尊，兩手屈臂，作拳執握天衣飄帶舒頭指當胸，豎左膝而坐；左方一尊，戴蛇冠，坐向右；右方一尊，兩手吹笛，面向左。

第五章 特別的護法

除了之前我們所介紹的各類護法之外，佛教裏還有某些護法，他們特別發心護持某一位佛菩薩，或是某一部經典，或是特別發願守護佛寺伽藍，或是守護皈依佛法、受持五戒的佛弟子，也有的是某個宗派特別的護法。在本章中，我們將介紹這些特別的護法。

藥師十二神將

藥師有十二位著名的護法神，稱為「藥師十二神將」，是專門守護修持《藥師經》行者的十二位護法神。他們也被稱為「十二藥叉大將」。

藥叉就是金剛力士，可分為天行藥叉、空行藥叉、地行藥叉。其義譯為勇健，顯示其是勇敢強有力者，不被一切摧伏而能摧伏一切。又翻為疾捷，以三種藥叉，示現威德自在，人間天上，往來迅速，迅疾如風而名之。無論大、小乘佛教，護世四大天王，具足善願的藥叉神眾都是重要護法，他們護持佛法，誓願弘深。

在《藥師本願功德經》中說；這十二位藥叉大將，各自統領著七千個藥叉。他們在佛陀宣說《藥師本願功德經》的法會中，一起向佛陀誠摯地發願：「世尊！我們今天蒙佛威神力，得以聽聞世藥師琉璃光如來名號，不再有流轉惡趣的恐懼，因此，我們所有的眷屬們決定相率皆同一心，盡形壽歸依佛、法、僧，誓願當荷負一切有情，為其作義利、饒益安樂。」

這十二位誓願護持藥師法門、守護眾生的藥叉神將分別是：

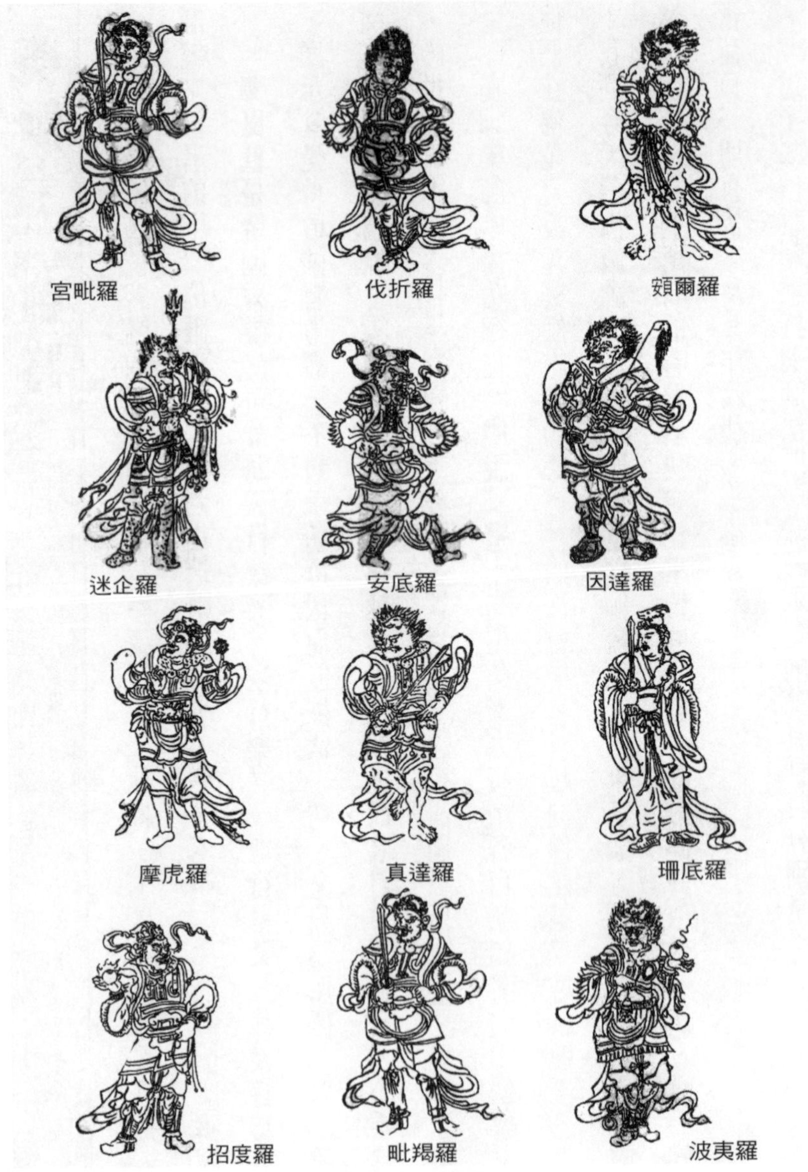
宮毗羅
伐折羅
頞爾羅
迷企羅
安底羅
因達羅
摩虎羅
真達羅
珊底羅
招度羅
毗羯羅
波夷羅

藥師十二神將

1宮毗羅大將：又稱「金毗羅」，意譯為「極畏」，身呈黃色，手持寶杵。

2伐折羅大將：又作「跋折羅」，意譯為「金剛」，身呈白色，手持寶劍。

3迷企羅大將：又作「彌佉羅」，意譯為「執嚴」，身呈黃色，手持寶棒或獨鈷。

4安底羅大將：又作「頞儞羅」，意譯為「執星」，身呈綠色，手持寶鎚或寶珠。

5頞爾羅大將：又作「末爾羅」，意譯為「執風」，身呈紅色，手持寶叉或矢。

6珊底羅大將：又作「娑儞羅」，意譯為「居處」，身呈煙色，手持寶劍或螺貝。

7因達羅大將：又作「因陀羅」，意譯為「執力」，身呈紅色，手持寶棍或鉾。

8波夷羅大將：又作「婆耶羅」，意譯為「執飲」，身呈紅色，手持寶鎚或弓矢。

9摩虎羅大將：又作「薄呼羅」，意譯為「執言」，身呈白色，手持寶斧。

10真達羅大將：又作「真持羅」，意譯為「執想」，身呈黃色，手持羂索或寶棒。

11召度羅大將：又作「朱杜羅」，意譯為「執動」，身呈青色，手持寶鎚。

12毗羯羅大將：又作「毗伽羅」，意譯為「圓作」，身呈紅色，手持寶輪或三鈷。

在中國及日本還有將此十二神將配合十二生肖，一天的十二個時辰，及一年十二個月，甚至天干地支的說法。其中說，這十二神將在晝夜十二時辰、及四季十二個月份裏，輪流率領眷屬守護眾生。此外，這十二神將從最後的毗羯羅起，到最初的宮毗羅為止，其守護眾生的時辰，剛好是從子時到亥時的十二支。而且其形像也都配合中國民間流傳的十二生肖。毗羯羅戴鼠冠，招杜羅戴牛冠，一直到最初的宮毗羅，則是頭戴豬冠，其次序與十二生肖完全吻合。如同下表所列：

十二神	身色	持物	配合生肖	十二支
宮毗羅	黃	寶杵	豬	亥神
伐折羅	白	寶劍	狗	戌神
迷企羅	黃	獨鈷	雞	酉神
安底羅	綠	寶珠	猴	申神
頞儞羅	紅	矢	羊	未神
珊底羅	煙	螺貝	馬	午神
因達羅	紅	鉾	蛇	巳神
波夷羅	紅	弓矢	龍	辰神
摩虎羅	白	寶斧	免	卯神
真達羅	黃	寶棒	虎	寅神
招度羅	青	寶鎚	牛	丑神
毗羯羅	紅	三鈷	鼠	子神

觀音二十八部眾

觀音二十八部眾，指的是專門護持大悲咒行者的二十八位護法神。千手觀音是大悲咒的本尊，修持大悲咒的行者，除了能獲得此神咒的功德利益，及千手觀音菩薩的護念之外，大梵天王還會派遣二十八部善神，各自率領五百眷屬及大力夜叉來保護行者。

《大悲心陀羅尼經》中說；如果平時誦念、修持此經者，如果在空山曠野獨宿孤眠，這些二十八位善神，就會輪流守衛，使行者辟除災障。如果是在深山迷失道路，由於誦此咒的緣故，善神龍王就會化作善人，指示其正確的道路。如果在山林曠野，缺少水或火等，由於龍王守護的緣故，就會化出水火。

依據《千手陀羅尼經》所載，條例二十八部眾的尊名。並依日僧寬信所繪的尊像圖，參考《千手造次第法儀軌》所載，略述其形相如下：

1密跡金剛力士烏芻君荼鴦俱尸：忿怒面，赤肉色，左手插腰，右手持三鈷杵，身著甲冑。

觀音二十八部眾

2八部力士賞迦羅：面容極為忿怒，身赤肉色，左手安於腰際，右手掌向外，腰著青衣。

3摩醯那羅延：頭著金剛甲，左手當胸手掌向外，右手舒肘向前，取大刀刺地。

4金剛陀羅迦毗羅：面及身色同前，左手安於腰際，右手向胸掣大刀，身著甲冑。

5婆馳娑樓羅：面白黃色，忿怒形，頭著金甲，左手舉於胸前，掌向外，指端垂下，右手握大刀，著甲冑。

6滿善車鉢真陀羅：面作微笑形，左手握拳安於腰際，右手當胸取蓮華，著青色袈裟。

7薩遮摩摩和羅：面呈微笑並稍帶瞋怒，頭著天冠，微舉左臂，仰掌舒五指，右手當胸持斧鉑，莊嚴如天女。

8鳩蘭單吒半祇羅：面帶微笑，青色，左手當胸，覆掌舒五指，右臂垂下持大刀，身著甲冑。

9畢婆伽羅王：面現微笑又帶忿怒，白赤色，頭有金甲，左手握拳安於臍部，右手持三戟，著金胄。

10應德毗多薩和羅：輕微忿怒面，頭有玉冠，左右手各持獨鈷杵。

11梵摩三鉢羅：面如天女，頭戴天冠，左手安於臍邊，右手當胸持白拂，瓔珞莊嚴如天人。

12炎摩羅：忿怒面，仰視上空，青綠色，左手當胸，右手舒臂覆掌，五指散開安於腰下。

13釋王：左手握拳安於腰際，右手持獨鈷杵，著草鞋。

14大辯功德娑怛那：如吉祥天女，左手舉臂，持赤蓮華，右手當胸，掌向外，捻大指、頭指。

15提頭賴吒王：忿怒面，左手安於腰際，右臂上舉持三鈷杵，身著甲胄。

16神母女等大力眾：仰左掌於胸前，右掌向外捻大指、頭指。

17毗樓勒叉：左臂上舉持三叉戟，右手安於腰際持大刀，身著甲胄。

18毗樓東博叉毗沙門：左手持塔，右手持三鈷戟。

19金色孔雀王：雀頭人身，左右手各持孔雀足一隻以為杖。

20二十八部大仙眾：仙人形，左臂上舉持經卷，右手當胸持杖。

21摩尼跋陀羅：面如天人貌，赤髮，以花嚴飾，二手合掌。

22散支大將弗羅婆：微笑忿怒面，白色，頭戴天冠，左手當胸，以大指捻頭中二指，右手持大刀。

23難陀跋難陀：面極忿怒，青綠色，頭上有龍，左手上舉於胸前，掌心向外垂五指，右手安於腰際執三叉戟，身著甲胄。

24娑伽羅龍伊鉢羅：忿怒面，青黑色，以二手持大刀刺地。

25修羅乾闥婆：三面六臂，各面有三目，白色，左右第一手當胸合掌，左第二手持蓮華，右第二手持輪，第三手左右臂共舉持日輪。

26迦樓緊那摩睺羅：面極忿怒，白赤色，頭上戴白馬頭，左手插腰，右手高舉於頭，橫持大刀，著甲胄。

27水火雷電神：水雷電神，面極忿怒，赤黑色，左手覆掌於胸前，右手舒臂散五指，作壓地狀，立於黑浪中。水雷電神，面如惡鬼形，青色，二手胸前內縛，舒二中指，屈頭指相拄，立於波浪中。

28鳩槃荼王毗舍闍：鳩槃荼王係黑色長鼻瞋怒形，左持戰具，右執索；毗舍闍係黑赤色、大目瞋怒形，左手持火玉。

二十八部眾與千手觀音的信仰並行於世，後世相關的造像頗多。在中亞高昌出土的壁畫斷片中，站立於千手觀音身側的三眼神將像等護法神像，即二十八部眾。

另外根據《入唐求法巡禮行記》卷二所記載，中國五台山竹林寺中，安有二十八天釋梵王像。日本京都蓮華王院，迄今仍供奉有湛慶等人所造的木造立像二十八尊。

部名	尊形	面相	姿態
1密跡金剛士	赤肉色、著甲冑	忿怒相	左手插腰，右手持三鈷杵。
2八部力士	赤肉色、著青衣	忿怒相	左手置腰間，右手手掌向外。
3摩醯那羅達	金剛甲		左手伸肘，右手執大刀刺地。

部名	尊形	面相	姿態
4 金毗羅陀	著甲冑		左手置腰間，右手掣大刀。
5 波駝婆樓那	白黃色、著金甲	忿怒形	左手置胸邊，右手於腰際握大刀。
6 滿善車鉢真陀羅	著青色袈裟	微笑	左手握拳置腰，右手持蓮華。
7 薩遮摩和羅	白微赤色，飾身戴冠	微笑小怒	左手舉臂伸五指，右手持斧斧柄
8 鳩蘭單吒	青色，著金冑	微笑	左手胸邊伸五指，右手垂臂，執大刀
9 畢婆伽羅王	白赤色，著金甲冑	微笑忿怒	左手拳置臍間，右手持三戟。
10 應德毗多薩和羅	頭戴王冠	微忿怒	左右兩手合持獨鈷杵。
11 梵摩三鉢羅	身飾瓔珞，頭戴天冠	如天女	左手置臍邊，右手持白拂。
12 炎摩羅	綠青色	忿怒，仰視天	左手當胸，右手伸五指置腰下
13 釋王	穿草鞋		左手握拳置腰，右手執獨鈷杵。
14 大弁功德天	如吉祥天女		左手持赤蓮莖上赤蓮華，右手當胸捻拇指、中
15 提頭賴王	著甲冑	忿怒相	左手置腰，右手持三鈷杵。
16 神母女等			左手胸前仰掌，右手掌向外，拇指、中指相

部名	尊形	面相	姿態
17 毗樓勒叉	著甲冑		左手執三戟，右手持大刀。
18 毗叉門			左手持塔，右手持三鈷杵。
19 金色孔雀王	頭為孔雀，肩以下人形。		左右兩手以孔雀一足為杖
20 大仙眾	仙人裝		左手舉臂，執經卷，右手持杖。
21 摩尼跋陀羅	赤髮結花為頭飾	面如天人	兩手合掌
22 散脂大將弗羅	白色，戴天冠	微笑忿怒	左手捻拇指，右手持大刀
23 難陀跋難陀	青綠色，著甲冑，頭戴龍	忿怒相	左手胸前垂五指，右手持三戟
24 娑伽羅龍伊鉢羅	青黑色	忿怒相	二手執大刀刺地。
25 修羅乾闥婆	白色，三面六臂，各面有三目		左右一手合掌。左右二手持日輪。左手持蓮華，右手持輪。
26 迦樓緊那摩猴羅	白赤色，著甲冑，頭髮中有白馬頭	忿怒相	左手置腰，右手持大刀
27 火雷電神	赤黑色，立黑波浪中	忿怒相	左手置胸前，右手壓地姿勢。
28 水雷電神	青色，由身注雨，立波浪中	如惡鬼神	兩手於胸前內縛

普賢十羅剎女

普賢十羅剎女是指經常隨侍在普賢菩薩身邊的十位羅剎女護法。她們分別是：藍婆（意為結縛）、毗藍婆（意為離縛）、曲齒（意為施積）、華齒（意為施華）、黑齒（意為施黑）、多髮（或為披髮）、無厭足（別名無著）、持瓔珞（或名持華）、皐諦（或名何所）。

以上十位稱為「普賢十羅剎女」。

即守護受持法華經者之十位羅剎女。典出於法華經卷七陀羅尼品、正法華經卷十總持品。特為日本天台宗、日蓮宗所尊崇。

(一)藍婆羅剎女：意思是「結縛」，她的形像為右手按劍，左手持經卷。

(二)毘藍婆羅剎女：意思是「離結縛」，形像為雙手敲鈸。

(三)曲齒羅剎女：意思是「施積」，形像為手持花籠。

(四)華齒羅剎女：意思是「施華」，形像為右手下垂，屈左手以持寶珠。

(五)黑齒羅剎女：意思是「施黑」，形像為左手執寶幢，屈右手置於胸前。

普賢十羅叉女

(六)多髮羅剎女：意思是「被髮」，形像為右手執寶幢，屈左手置於胸前。

(七)無厭足羅剎女：又稱為「無著羅剎女」，其形像為左手執水瓶，右手執蓮瓣。

(八)持瓔珞羅剎女：又稱「持華羅剎女」，形像為兩手持瓔珞。

(九)帝羅剎女：又稱「何所羅剎女」，形像為雙手捧持經篋。

(十)奪一切眾生精氣羅剎女：又稱為「取一切精羅剎女」，形像為雙手合十。

十位皆為立像。另於「法華十羅剎法」中，有詳盡而異之記載。此外，蓮華三昧經說初四羅剎為淨行等四大菩薩、第五為釋迦佛、次四者為八葉之四大菩薩、第十為多寶如來。並菩薩處胎時、初生及生後，此等羅剎女常衛護之。

不動明王八大護法童子

不動明王身邊的八大童子，也稱為八大金剛童子，這八大童子象徵著⑴大圓鏡智，⑵平等性智，⑶妙觀察智，⑷成所作智等四智，及常、樂、我、淨等四波羅蜜。

依〈聖無動尊一字出生八大童子秘要法品〉中所記載，不動尊的八大童子的尊形如下：

⑴慧光童子：微怒、頭戴著天冠，身色為白黃色。右手拿五智杵，左手的蓮華上，則安置著月輪，身上則以袈裟與瓔珞為莊嚴。

⑵慧喜童子：形似慈悲之面，顯現微笑的相貌，身色如蓮華，左手持著摩尼寶珠，右手持著三股鉤。

⑶阿耨達菩薩童子：身形如梵天王，身色如真金，頂上戴著金翅鳥，左手拿蓮華，右手拿獨股杵，騎乘著龍王。

⑷指德菩薩童子：身形如夜叉，身色如虛空，有三個眼睛，身著甲冑，左手持

不動王明的八大護法童子

輪，右手有三叉鉾。

⑸烏俱婆娥童子：頭戴五股之冠，現出暴惡之相，身如金色，右手拿著縛日囉（金剛杵），左手做拳印。

⑹清淨比丘童子：剃除首髮，身著法袈裟，在左肩打結並使其垂下，左手拿著梵夾，右手當心持著五股杵，露出右肩，腰纏著赤裳。面貌不

年輕也沒有老態，目如青蓮，嘴巴裏的上牙向下突出。

⑺矜羯羅童子：「矜羯羅」意為隨順與恭敬小心，矜羯羅童子的像貌，宛如十五歲的童子。頭上戴著蓮華冠，而身色為白肉色，二手合掌。他的二大指與頭指之間，橫插著一股杵，身穿著天衣袈裟及微妙的嚴飾。

⑻制吒迦童子：「制吒迦」則意為難以共語的惡性者。制吒迦童子的像貌如童子，身色如紅蓮，頭上結著五髻，一髻結在頂上的中間，一結額上，一結在頭的左右，一結頂後，代表五方五智。左手持著嚩日囉（金剛杵），右手執著金剛棒。因為是瞋心惡性者，所以不著袈裟，並以天衣纏著頸肩。

這八位童子都是不動明王的眷屬，圍繞在不動明王四周，做為本尊的護衛。

守護皈依者的三十六部神王

在佛教的諸多護法中，有專門發願守護伽藍的護法神，稱為「伽藍神」、「護伽藍神」，或「寺神」。依《七佛八菩薩所說大陀羅尼神咒經》卷四所述，護僧伽藍神有十八人，一名美音、二名梵音、三名天鼓、四名巧妙、五名歎妙、六名廣妙、七名雷音、八名師子音、九名妙美、十名梵響、十一名人音、十二名佛奴、十三名歎德、十四名廣目、十五名妙眼、十六名徹聽、十七名徹視、十八名遍觀。稱之為「十八伽藍神」。

《敕修百丈清規》卷七中，也有將念誦功德迴向給護伽藍神的記載：「上來念誦功德，回向當山土地列位護伽藍神合堂真宰。」宋・道誠《釋氏要覽》卷下記載：「中國僧寺立鬼廟，次立伽藍神廟。」可見唐、宋代的禪宗已經有奉祀伽藍神的風俗。

這是指由帝釋天所派遣，專門守護受三皈依者的三十六位善神。

這三十六部善神分別是：

(1)彌栗頭不羅婆（善光），主疾病；(2)彌栗頭婆呵娑（善明），主頭痛；(3)彌栗頭婆邏波（善方），主寒熱；(4)彌栗頭旃陀羅（善月），主腹滿；(5)彌栗頭陀利奢（善見），主癰腫；(6)彌栗頭阿樓呵（善供），主癲狂；(7)彌栗頭娑婆帝（善捨），主愚癡；(8)彌栗頭悉坻哆（善寂），主瞋恚；(9)彌栗頭菩提薩（善覺），主淫欲；(10)彌栗頭提婆羅（善天），主邪鬼；(11)彌栗頭呵波帝（善住），主傷亡；(12)彌栗頭不若羅（善福），主塚墓；(13)彌栗頭苾闍伽（善術），主四方；(14)彌栗頭伽麗娑（善帝），主怨家；(15)彌栗頭羅闍遮（善王），主偷盜；(16)彌栗頭修乾陀（善香），主債主；(17)彌栗頭檀那波（善施），主劫賊；(18)彌栗頭支多那（善意），主疫毒；(19)彌栗頭羅婆那（善吉），主五溫；(20)彌栗頭鉢婆馱（善山），主蜚尸。(21)彌栗頭三摩陀（善調），主注連；(22)彌栗頭戾禘馱（善備），主注復；(23)彌栗頭波利陀（善敬），主相引；(24)彌栗頭波利那（善淨），主惡黨；(25)彌栗頭虔伽地（善品），主蠱毒；(26)彌栗頭毗伏馱（善結），主恐怖；(27)彌栗頭支陀那（善壽），主厄難；(28)彌栗頭伽林摩（善遊），主產乳；(29)彌栗頭阿留伽（善願），主縣官；(30)彌栗頭闍利馱（善因），主口舌；(31)彌栗頭阿伽馱（善照），主憂惱；(32)彌栗頭阿訶娑（善生），主不安；(33)彌栗頭娑和邏（善至），主百怪；(34)彌栗頭波利那（善藏），主嫉妬；(35)彌栗頭周陀那（善音），主咺詛；(36)彌栗頭韋陀羅（善妙），主厭禱。

在《灌頂經》卷三〈三皈五戒帶佩護身咺經〉中說；這三十六位善神，又各自有萬億恆河沙鬼神以為眷屬，能輪流守護受三皈者。如果已經受三皈依者，可以書寫這三十六部神王的名號，佩戴在身上，如此行來出入無所畏懼，能辟除各種邪惡不善之事。

守護持五戒者二十五善神

守護持五戒者的二十五善神在護法中有專門守護持五戒者的二十五位善神。

這二十五位善神又分別守護持受五種戒律者：

一、守護不殺生者：蔡毗愈他尼、輸多利輸陀尼、毗樓遮那波、阿陀龍摩坻、波羅桓尼和婆等五神。

二、守護不偷盜者：坻摩阿毗婆馱、阿修輸婆羅陀、婆羅摩亶雄雌、婆羅門地轉哆、那摩吁哆耶舍等五神。

三、守護不邪淫者佛馱仙陀樓哆、鞞闍耶藪多婆、涅坻醯馱多耶、阿邏多賴都耶、波羅那佛曇等五神。

四、守護不妄語者：阿提梵者珊耶、因臺羅因臺羅、阿伽嵐施婆多、佛曇彌摩多哆、多賴叉三密陀等五神。

五、守護不飲酒者：阿摩羅斯兜嘻、那羅門闍兜帝、薩鞞尼乾那波、荼鞞門毗舍羅、伽摩毗那闍尼佉等五神。

《灌頂經》卷三中說；如果有持受五戒者，有二十五善神，衛護人身，在人左右，守於宮宅門戶之上，使萬事吉祥。

守護般若經的十六善神

在護法中有所謂的「十六善神」，他們是特別發心守護《般若經》及其持誦奉行此經的十六尊夜叉善神。又稱為「十六神王」、「十六夜叉神」、「般若十六善神」。在《陀羅尼集經》卷三所記載的十六善神分別為：（一）提頭賴吒神王，（二）禁尾嚕神王，（三）跋折嚕神王，（四）迦毘嚕神王，（五）咩嚕神王，（六）鈍徒毘神王，（七）阿嚕神王，（八）娑嚕神王，（九）印陀嚕神王，（十）婆姨嚕神王，（十一）摩休嚕神王，（十二）鳩毘嚕神王，（十三）真陀嚕神王，（十四）跋吒徒嚕神王，（十五）尾迦嚕神王，（十六）俱鞞嚕神王。

唐朝金剛智繪有十六善神圖，後被日僧空海攜回日本。其中十六善神呈神王形，以釋迦牟尼佛為中心，左右有文殊、普賢、法涌與阿難、玄奘與深沙大將等並列，兩側則分列十六善神，但此圖所示之神名與上述所舉略有不同。此外，也有說十六善神為藥師十二神將與四天王。

守護十二方位的十二天神

「十二天是」指密教護世天部的十二尊天神，為一切天、龍、鬼神、星宿、冥官的統領者。祂們原本是古代印度神話中的天神，密教將其配以方位，成為方位的守護神。這十二天分別是八方天、上下天及日月天。八方天是指：東方帝釋天、東南火天、南方焰摩天、西南羅剎天、西方水天、西北風天、北方毗沙門天、東北伊舍那天。上方是梵天，下方為地天。以上十天加上日天、月天，合為十二天。

這十二天的職司分別如下：

東方帝釋天：蘇迷盧等一切諸山所攝天鬼之主。

東南方火天：火神及諸持明神仙眾之主。

南方焰摩天：為五道冥官太山府君司命行疫神諸餓鬼等之主。

西南方羅剎天：為羅剎食血鬼眾之主。

西方水天：為川流江河大海龍眾之主。

西北方風天：為風神無形流行神之主。

北方毗沙門天：為藥叉吞食鬼神之主。

東北方伊舍那天：為魔眾之主。

上方梵天：為色界靜慮一切諸天之主。

下方地天：為地上諸神及樹下野沙諸神之主。

日天：為星眾七曜諸執遊空一切光神之主。

月天：為住虛空二十八宿十二宮神一切宿眾之主。

此十二天乃是總攝一切諸天鬼神的護世部眾，若能如法供養，則能免除種種災厄，獲得利益。密教中有修供養此十二天之修法，稱為「十二天法」，或「十二天供」。其供養的方法，隨著所求不同而有區別，如息災法須以帝釋天為主，增益法則以梵天為主，降伏法以伊舍那天為主，敬愛法則以毗沙門天為主。

日本京都國立博物館所收藏的十二天像，為一組十二幅之畫像，每幅一尊，是宮中真言院舉行後七日御修法時所使用的。相傳西大寺本也是平安前期宮中所用之物。日本平安中期以後，傳法灌頂時使用十二天屏風，為六層折疊的十二扇大屏風，每扇各畫一天之立像。此種屏風以教王護國寺、神護寺、聖眾來迎寺所傳者為佳作。此外，在以不動明王為中尊的別尊曼荼羅中，十二天代表十二天曼荼羅及安靜法曼荼羅。

護持佛法的二十天

在諸多天神中，天台宗特別將經典中護衛眾生、輔翼佛法的二十位天神，並列為「二十天」。在天台《國清百錄》〈光明鬼神品〉中所列之二十天如下：

(1)梵天王：為娑婆界主，主大千世界。
(2)帝釋天主：在須彌山頂，即忉利天主。
(3)持國天：即提頭賴吒，為東方天王。
(4)增長天：即毗留勒叉天王，為南方天王。
(5)廣目天：即毗留博叉天王，為西方天王。
(6)多聞天：即毗沙門天王，為北方天王。
(7)金剛密迹天：手中執金剛寶杵，省知如來一切密迹祕要之事。
(8)摩醯首羅天：即大自在天，居色頂天，為三界尊極之主。
(9)散脂大王：為二十八部諸鬼神之首，能滅諸惡，護持正法。
(10)大辯天：具不可思議大智慧，接物利生，弘揚佛法。

(11)功德天：隨眾生所求，令得成就。

(12)韋馱天神：為南方天王八將之一，殷憂四部，外護三洲。

(13)堅牢地神：能增長出生證明功德，曾於佛陀成道時為證明。

(14)菩提樹神：守護如來成道處菩提樹的樹神。

(15)鬼子母天：生諸鬼王，保護男女，予以子息。

(16)摩利支天：能隱形迹，行於日月之前，救兵戈等難。

(17)日宮天子：能生千光破除黑暗，成熟萬物。

(18)月宮天子：夜發光明，滋養萬物。

(19)娑竭龍王：大鹹海中之一龍王，主蛇龍，為大權菩薩化現，弘護佛法使興隆。

(20)閻摩羅王：地獄之主。

第六章 藏密的特別護法

象徵法界一味實相的一髻佛母

一髻佛母，譯音為「阿松瑪」，是寧瑪巴（紅派）三位特別的護法之一。又稱為「獨髮母」或「一髻母」。有說這位護法是法身普賢王的佛母－法界自在母所化現。

傳說很久之前，有一個密教修行者固瑪拉渣，他跟隨上師求法，但因自身沒有任何財物能供養上師，於是他就日以繼夜，不間斷地抄寫經典來供養上師。但

象徵法界一味實相的一髻佛母

是在這樣長期的勞累之下，他生起了重病，但他的願力絲毫不動搖。他的上師知道之後，非常歡喜，就為他灌頂。在進行灌頂時，他看見上師頂上的虛空中，現起四臂大黑天，而在大黑天的對面，則現起一尊佛母，只有一個眼睛、一束頭髮、一顆獠牙，她的膚色是青黑色，右手執屍杖，左手持魔鬼心與母狼，恐怖令人不敢逼視。固瑪拉渣向上師稟告自己所看見的景象，上師讚許的告訴他，他得到一髻佛母的授記。

由於一髻母是法界自在母的化現，因此她的所有相貌都顯現著法界一味、無二的象徵。一髻母只有一隻眼睛，位於額頭正中央，她的獠牙如普巴杵一般銳利，牙尖朝下。她只有一個乳房，居於胸部正中央，頭髮束於頂上，尾尖朝天。她的一目、一齒、一乳，象徵著法界空性與智慧。

象徵般若智慧的吉祥天母

吉祥天母，梵名為「瑪哈嘎哩」，藏名音譯為「巴殿拉摩」。相傳她原來是濕婆神的女兒。當初佛陀在菩提伽耶要入於無上正等正覺之時，魔王帶領無數的眷屬包圍，從天空雨下種種武器、毒蛇猛獸等發動攻擊，又化現嬌媚的美女，以各種甜言蜜語來誘惑他。但是佛陀完全不為所動，更降伏了群魔。瑪哈嘎哩在當時亦被降伏，發願護持佛法。

吉祥天母以女性護法的面貌出現，象徵著般若智慧的體性。一般認為瑪哈嘎哩為大黑天護法之佛母。在喜金剛密續中記載她是吉金剛壇城中重要的護法之一。對於一切修行者，護持佛法，乃至一般行善的眾生，吉祥天母都會予以守護。而示現憤怒尊的瑪哈嘎哩，對惡性眾生更有不可思議的調伏威力，能摧毀一切邪魔鬼魅，是西藏極為普遍的護法，從布達拉宮到大小寺院，處處可見其壁畫、塑像及唐卡供奉。

吉祥天母的膚色呈藍色身，有一面二臂或四臂像，以遊戲坐姿跨坐於黃騾背

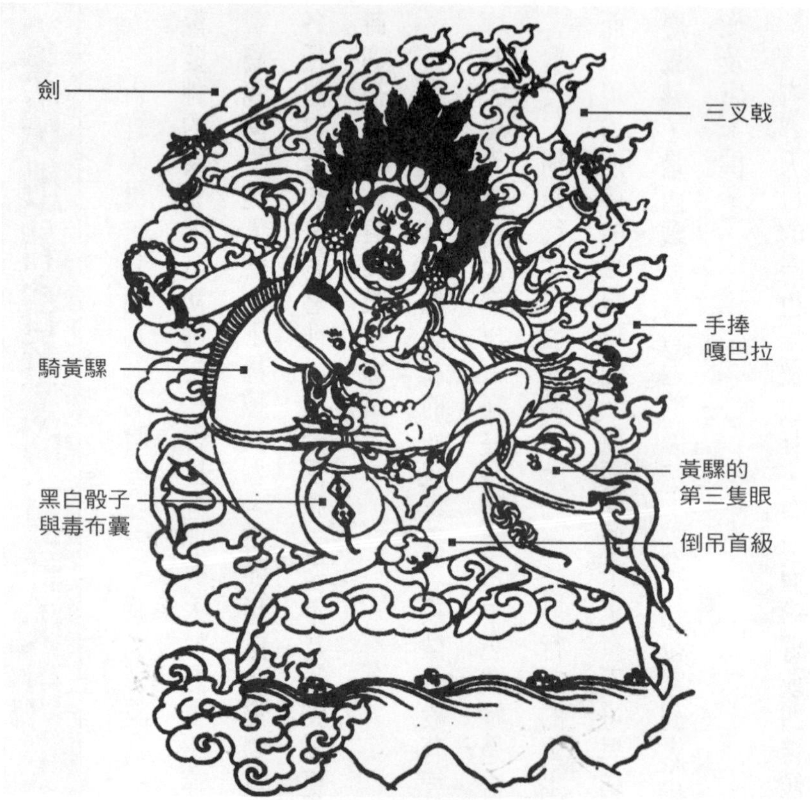

象徵般若智慧的吉祥天母

上，淩空飛行於峰巒血海之上，四周風火交加。其口咬屍身，前胸裸裎，露出豐滿的雙乳，右手上揚持金剛杵權棒或劍，左手托著盈滿鮮血的顱器嘎巴拉。如果是四臂者另持三叉戟及普巴杵。

其頭戴骷髏冠，髮上沖呈赤紅色，以彎月及孔雀羚為飾，頸上戴著人頭鬘，上著天衣，下圍虎皮裙，腰繫紅短棒。其座騎以綠蛇為轡，上繫黑白雙色骰子與毒布囊。這個骰子相傳是財神送給她的，用來占卜吉兇。以吉祥天母為本尊的占卜法在藏地很盛行。

她的座騎以人皮為鞍，旁邊繫著倒吊的首級。她的座騎黃驃和主人一樣具有三隻眼，第三隻眼長在臀部。

在藏地的傳說中，每年在元旦這天，吉祥天母騎著陽光周遊世界，並且把今年第一天的陽光裝在肚子裏，所以她的肚臍有太陽為裝飾。

真　言：救　拉摩　救　拉摩　救救　拉摩　吞救　卡拉

拉千摩　拉摩　阿嘉答嘉　吞救　魯路　魯路　吽救吽

全身長滿眼睛的喇呼拉

喇呼拉護法，意譯為「大遍入」，有說其即是毗紐天。其為寧瑪巴三大護法之一。

相傳喇呼拉在很久之前，本來是一位隱居深山的修行成就者。後來被國王迎請入宮，國王及他的四位王妃都皈依他。但是國王對他的器重，讓朝中的某些大臣十分忌妒，因而向國王進讒言，說這位修行者和王妃有染。國王聽了非常憤怒，在未加查明下，就下令將修行者及四位王妃押至荒山，欲以烈火活活燒死他們。四位王妃十分悲憤，不甘受辱，不待行刑，就相偕投入火中。修行者看了這個慘狀，對奸臣的陷害及國王的愚癡十分憤怒，死後就成為瞋恨的怪獸，下半身為龍身，上身為人身，具九頭，各具三眼。此外，其全身也滿佈眼睛，而四位王妃則成為他的眷屬。

後來金剛手菩薩為其授記，令其對瑜伽行者加以護持。後又被蓮華生大士所降伏。

頂有鴉首
具九頭
全身皆眼
張弓箭作欲射勢：射害一切眾生無明煩惱
左二手持蛇繩：降伏種種毒害

全身長滿眼睛的喇呼拉

喇呼拉的全身如黑煙一般，他的九個頭中，下三首中面黑色，兩旁藍色，中三首中面藍色右黑左紅，上三首中面白色右藍左紅。其頂上有鴉首，四臂中前二手張弓箭作射狀，右二手執海怪杖上揚。左二手執蛇繩，全身佈滿眼睛是最明顯的特徵。

如獅王般威猛的獅面空行母

獅面空行母，是藏密中著名的護法。據說她是般若佛母的化身，而金剛亥母則為般若佛母的報身。獅面空行母同時也是寧瑪巴殊勝的本尊。

獅面空行母身藍色，也有紅色者。獅面象徵其威猛如獅，身藍色表諸魔極佈畏之意，她一面二臂，右手持金剛鉞刀，鉞刀代表斷除貪、瞋、癡、慢、疑、見等根本煩惱。左手捧著盈滿鮮血的顱器嘎巴拉，象徵福德。

張口裂牙捲舌，三隻眼睛憤怒圓睜。其紅髮稍向上卷，並往後垂下，裸身佩戴珠寶瓔珞，以五髑髏冠為頂上莊嚴，五十一人頭鬘為飾，著虎皮裙，左肩斜倚著卡章嘎天杖，密義表佛父。右腳彎曲，左腳外伸踏死屍，表降伏死亡，斷除眾生輪迴之命。其以舞立姿態安立於蓮花日輪上，安住於般若火焰光聚中。

獅面空行母守護眾生免於時難年荒，兵禍疾疫，水災、旱災、飢荒等天災，摧伏一切災難不祥。由於本尊的咒語極為猛烈，平常宜默念。在河海及水邊更是如此，以免令龍王驚怖。

真言：阿沙噶嘛 喇扎 下達喇 沙嘛喇呀 吥

右手持金剛鉞刀：表斷除貪瞋痴等根本煩惱

戴五十一首人頭項鍊：斷眾生惡業輪迴之命

左手捧盈血嘎巴拉：顱器中盛甘露表具足福慧二資糧

左足踏屍體：表降伏生死

如獅王般威猛的獅面空行母

守護長壽自在的雪山五長壽女

雪山五長壽女是藏密著名的長壽本尊，她們分別執掌福壽、先知、衣田、財寶及牲畜，修持此法能消除瘟疫，獲致長壽自在。也有說這五位長壽女是無量壽如來的幻化，是五長壽佛的化現。她們不但是護持蓮師的智慧空行母，也是大成就者密勒日巴尊者的五位秘密空行母。

這五位護法女神分別是：

1長壽自在母，又稱為「吉祥長壽母」、「長壽自在佛母」

2翠顏佛母，又稱為「金剛憤怒母」

3貞惠佛母，又稱為「金剛笑母」、「笑音天母」

4冠詠佛母，又稱為「金剛天女受用明妃」

5施仁佛母，又稱為「金剛舞女」

傳說這五位女神的故鄉在美麗的珠穆朗瑪峯山腳下。那裏有五座長年積雪的湖泊，四季映現著奇幻的景色，彷彿五長壽女的美麗身影一般綺麗夢幻。在密勒

守護長壽自在的雪山五長壽女

日巴大師的傳記中記載著五長壽女的故事。

有一年秋天，附近的小鎮突然流行起天花、痢疾等極為嚴重的傳染病，造成人畜大量死亡，使得人心惶惶。

這時，五長壽女之一的長壽自在母也生起了重病。她的病非常嚴重，於是其他四位女神趕緊向密勒日巴大師求救。她的病怎麼來的呢？原來是在夏季時，附近的牧童放火燒山，長壽女神被烟火的毒氣所薰，因而生起重病；而她在病中所呼出的毒氣，接觸到當地的居民，造成了各種疫疾的大流行。密勒日巴尊者為她作病中修行的開示之後，並為她修法祈福，不久之後長壽女就完全康復，並教導村民加強衛生，以及以修行淨化身心的的方法，很快的傳染病也絕跡了。

雪山五長壽女神的尊形，由於各派傳承不同，所示現的因緣也會有些差異。五長壽女較常見的形像如下：

中央為以吉祥長壽自在母為首，她身相潔白，臉頰上泛著淡淡的紅色，年輕而美麗。她的手中持著希望之珠，左手持占卜的神箭，箭尾繫著用白海螺所做成的骰子和一面鏡子。她身穿雪白的絲綢，及以孔雀羽毛所製成的斗篷，頭戴絲巾，騎著白色雪山獅。

長壽自在母的前面是東方翠顏天母，她雙手各持著占卜用的魔鏡，有時則是右手拿著寶鏡，左手拿著五色寶幡，騎著藍紋斑馬或是野驢。

長壽自在母的右邊是南方貞惠佛母，她手持裝滿寶石的寶盤。或是右手拿著寶盤，左手結與願印，其身色為黃色，以老虎為座騎。

長壽自在母的後面是冠詠佛母，她穿著一件孔雀羽毛斗篷，托著一個裝滿珍寶的平盤。有時則右手持寶匣，左手捧摩尼寶，騎著白騾或是紅雌鹿。

長壽自在母的左邊是北方施仁女神，她手持盛滿鮮奶的長把勺，或是右手持稻穗上揚，左手捉青蛇，騎著青龍。

這五位女神的身姿有一個共同的特徵，都做歡喜的舞蹈姿態。

雪山五長壽女真言

唵　嘛嘛　魯魯　紀答達喇　美住地　救扎

唵　比給　木答　救扎

唵 呀紀 幸幸 救扎

唵 阿微 喇尼 救扎

唵 沙裏 定定 卡地 家納 救扎

佛教小百科42

《佛教的護法神》

主　　編　洪啟嵩
執行編輯　彭婉甄
出　　版　全佛文化事業有限公司
訂購專線：(02)2913-2199
傳真專線：(02)2913-3693
發行專線：(02)2219-0898
匯款帳號：3199717004240 合作金庫銀行大坪林分行
戶　名：全佛文化事業有限公司
E-mail:buddhall@ms7.hinet.net
http://www.buddhall.com
門　　市　心學堂・新北市新店區民權路108之3號10樓
門市專線：(02)2219-8189
行銷代理　紅螞蟻圖書有限公司
台北市內湖區舊宗路二段121巷19號（紅螞蟻資訊大樓）
電話：(02)2795-3656
傳真：(02)2795-4100
初　　版　二〇〇五年十月
初版三刷　二〇一九年十一月
定　　價　新台幣三二〇元
ISBN　978-957-2031-83-4（平裝）

國家圖書館出版品預行編目資料

佛教的護法神／洪啟嵩 主編
-- 初版.--新北市：全佛文化, 2005[民94]
面；　公分. -（佛教小百科；42)

ISBN 978-957-2031-83-4(平裝)

1. 佛教一傳記
229　　　　94019098

Buddhall

Published by BuddhAll Cultural Enterprise Co.,Ltd.

全佛文化白話佛經系列

白話華嚴經 全套八冊

國際禪學大師 洪啟嵩語譯　定價NT$5440

八十華嚴史上首部完整現代語譯！

導讀 ＋ 白話語譯 ＋ 註譯 ＋ 原經文

《華嚴經》為大乘佛教經典五大部之一，為毘盧遮那如來於菩提道場始成正覺時，所宣說之廣大圓滿、無盡無礙的內證法門，十方廣大無邊，三世流通不盡，現前了知華嚴正見，即墮入佛數，初發心即成正覺，恭敬奉持、讀誦、供養，功德廣大不可思議！本書是描寫富麗莊嚴的成佛境界，是諸佛最圓滿的展現，也是每一個生命的覺性奮鬥史。內含白話、注釋及原經文，兼具文言之韻味與通暢清晰之白話，引領您深入諸佛智慧大海！

BuddhAll

BuddhAll.

All is Buddha.

BuddhAll